阅读成就思想……
Read to Achieve

通识图解系列

图解
统计学思维

図解統計学超入門

[日]高桥洋一 著
佟 凡 译

中国人民大学出版社
· 北京 ·

图书在版编目（CIP）数据

图解统计学思维 /（日）高桥洋一著；佟凡译. --北京：中国人民大学出版社，2024.2
ISBN 978-7-300-32426-5

Ⅰ．①图… Ⅱ．①高… ②佟… Ⅲ．①统计学－图解 Ⅳ．①C8-64

中国国家版本馆CIP数据核字(2024)第016381号

图解统计学思维

[日] 高桥洋一 著
佟　凡 译
TUJIE TONGJIXUE SIWEI

出版发行	中国人民大学出版社		
社　　址	北京中关村大街31号	邮政编码	100080
电　　话	010-62511242（总编室）	010-62511770（质管部）	
	010-82501766（邮购部）	010-62514148（门市部）	
	010-62515195（发行公司）	010-62515275（盗版举报）	
网　　址	http://www.crup.com.cn		
经　　销	新华书店		
印　　刷	天津中印联印务有限公司		
开　　本	880 mm×1230 mm　1/32	版　次	2024年2月第1版
印　　张	6.75　插页1	印　次	2024年2月第1次印刷
字　　数	108 000	定　价	59.00元

版权所有　　　侵权必究　　　印装差错　　　负责调换

前　言

如果有年轻人问我"今后应该学些什么",我会给出以下三项答案:语言学、会计学和数学。

近年来,人们对数学领域中的统计学越来越感兴趣。在这个互联网普及的时代,收集大量的数据变得轻而易举,但整理、存储和分析这些数据,让人们意识到统计学是必不可少的。

于是,书店里涌现出各种各样的统计学入门书籍。出版社里一名重度"数字过敏"的编辑联系我(希望我能写一本统计学的入门书籍),对此我并不感到意外。

"统计学好难。"

"不管看了哪本书都看不明白。"

"必须要用公式才能理解吗？"

她（出版社的编辑）是一名典型的"数字过敏者"，经常提出类似的委托，以前我也因为同样的原因写过关于经济学和会计学的入门书籍。

市面上关于这些领域的入门书籍中，确实有不少书的内容对于初学者来说过于复杂和专业。

我能理解编辑想要叹气的心情。

"经济学好难！""会计学好难！"……我写书就是为了解除以上误解。

然而，统计学很不一样。为什么这么说？因为统计学是真的很难。

数学与统计学密不可分

统计学确实很难：没办法抄近路，也没办法举一反三。如果你也觉得统计学很难，那绝非误解，因为事实如此。

前言

统计学这门学科原本属于数学。学会利用公式是理解统计学的前提。数字和公式是统计学的"语言",如果没有数字和公式,就无法理解统计学。这就相当于不懂某一门语言,自然没办法看懂用这门语言写成的书。

对于那些一看到数字就头疼的"数字过敏者"来说,想要学习统计学就相当于要一头扎进充满过敏原的环境里。

既然统计学这么难,为什么现在讲统计学的书卖得这么好呢?或许是因为大部分人不了解吧。

我想应该也有不少人因为看不懂一些书半途而废,然后又去买另一本书吧。

这些书中有些没有用太多公式,会让读者感觉读过之后对统计学有了模糊的理解,但那不过是蒙混过关而已。

读过那些书之后,读者并没有办法利用统计学进行思考,也没办法在工作中有效利用统计学。

我想写的并不是那种蒙混过关的书。

所以，如果要认真讲述统计学，哪怕只是讲述基础知识，那之前提到的那位编辑自不必说，我想大部分读者应该无法理解。

统计学就是这样一门艰深的学问。

身边来自统计学的恩惠

另一方面，统计学很长时间以来就在我们的日常生活中得到了充分利用。

举例来说，电视节目的收视率就是其中的典型案例之一。

媒介研究公司进行的收视率调查显示，日本关东地区大约生活着 1800 万户家庭，但调查样本量却只有 900 户家庭。

大家听到这个数字之后有什么想法？

仅仅凭借两万分之一的样本，真的能够得出准确的收视率吗？

大家之所以这样想,是因为不理解统计学。如果大家懂得统计学,就完全不会产生这样的怀疑。

就算没有进行全面调查,也能够在一定程度上掌握整体情况,这就是统计学的作用。

统计学的应用领域非常广泛,收视率调查只是我们所熟知的一种应用。另一个简单易懂的例子是选举速报。

在众议院和参议院进行选举投票的日子里,NHK 电视台和私营电视台一定会在晚上播放开票速报,在节目开始的同时,各个电视台相继发布确定当选的候选人。

也许有人不明白,这到底是怎么回事呢?

节目开始时,开票工作应该刚刚开始才对。既然如此,电视台是如何从候选者中找出谁能确定当选的呢?

这是因为各家电视台都会在投票站出口对选民的投票情况进行现场调查。简单来说,就是大量询问离开投票站的人们"你给谁投了票"或"你给哪个政党投了票"。

可是，记者没办法问到所有人，被问到的人也不见得都会回答。

尽管如此，但只要能够收集一定数量的样本，就能在尚未开票时推断确定当选的人。

这同样是统计学的功劳。

自以为理解就够了吗

统计学的确很难，而且学得越多，越会觉得它复杂艰深。

大部分人不是数学家，有耐心理解公式的人更是少之又少。

总而言之，写不出所有人都能看懂的统计学入门书的理由实在太多了！

可是，无论我说多少遍"做不到"，编辑都会一遍又一遍地催我动笔。

所以，我只好试着潜心思考一下了。

我想说，统计学虽然很难，但它的确就在我们身边。

如果想要了解我刚才介绍的收视率和投票站出口调查的原理，并不需要深入理解统计学中那些艰深的部分。

我一次次地强调统计学很难，但也正因为难，所以就算是基础内容，也很少有人能扎实地掌握。

更准确地说，有太多人自以为理解了，其实没有完全理解。

既然各位难得买下了这本书，我希望各位不仅仅停留在"自以为理解"的程度。

于是，我想出了一种方法。

我要将统计学中甚至称不上基础的初级内容，也就是最浅显的部分，尽可能地掰开揉碎、耐心详尽地介绍给大家。

换言之，就是只要充分掌握初中数学的内容，稍微努力一下就能理解。

因此，我没办法夸海口，说出"只要读了这本书，任何人都能熟练运用统计学"这种话，但这本书能够让大家真切地感受到统计学存在的价值，明白为什么就算没有进行全面调查，也能在一定程度上掌握整体情况。

我想，这本书还能够帮大家理解，为什么我会将统计学列为重要学科之一。

只需要理解非常基础的统计学知识，大家看待世界的方法就会发生改变。你会发现，人们在生活和工作中做了多少无用功和效率低下的事情。

只需要理解统计学的一些基础知识，就能切实提高你的认知水平。

重要的是，拿起纸和笔，自己动手去计算一下。

数学和统计学绝非仅仅是看着书上的文字和数字就能理解的，只有自己动手尝试才能真正理解。

在此我坦言本书的创作方法：我以不擅长数学的人（比如那位编辑）为对象，一边在纸上进行计算，一边为其讲解，然后让听讲的人整理出原稿，最后由我进行修改、订正，最终完成了这本书的写作。

为什么要用这种方法呢？因为我认为这种方法可以让那些对数学缺乏自信的人更容易理解。

所以，已经对数学有一定了解的人，或许会对书中列举的某些具体例子感到不耐烦。

不过，这本书最主要的目的是让"数字过敏者"能够粗略地理解"统计学就是这样的内容"，因此请大家见谅。

本书是写给看不懂市面上那些统计学入门书籍的读者的，书中介绍了统计学最初级的内容，这是鲜有人写过的领域。

能够理解这本书的人，一定会有动力继续学习其他的统计学入门书籍。

虽然本书讲的是基础中的基础，但如果你能够认真对待，扎实地掌握其中的内涵,那么你所掌握的统计学知识一定会成为你处理生活和工作问题的利器。

我希望大家相信这一点,一定要坚持读到最后。

目 录

第1章 "统计学"究竟是什么——减少金钱和劳动力的浪费

- 统计学中常见的"误解"……003
- 无须调查全部样本就能在一定程度上掌握整体情况……007
- 统计学的前提是没有偏误……009
- 有时也需要有偏误的数据……013
- 随机比想象中困难……015
- 很难做到恰到好处……019

第2章 直方图、均值、方差、标准差——"统计学"从这里开始

最大众化的统计学——直方图……025

- 人人都能尝试的骰子直方图 ······025
- "频数"和"组距"是什么 ······029

计算"均值"和"方差" ······035
- 统计学中的"均值"计算方法 ······035
- 表示数据离散程度的"方差" ······039
- 直接用数值表示"标准差" ······044

你知道偏差值的计算方法吗 ······045
- 偏差值究竟是什么 ······045
- 计算偏差值 ······051
- 标准差会让偏差值上升还是下降 ······053
- 一次考试无法测出学力 ······057

第3章 正态分布——最常见的"分布之王"

什么是"正态分布" ······065
- 表格像左右对称的山峰 ······065
- 什么样的数据会形成"正态分布" ······067
- "均值"和"方差"为什么重要 ······070

高斯证明的"标准正态分布" ······073
- 什么是"误差" ······073
- 为什么"标准正态分布"是特殊的 ······079

| 将数据"正态化" ……………………………………083
为什么正态分布让统计学变得轻松 ……………………090
| 统计学首先要建立"假设" …………………………090

第4章 二项分布——这里有社会上的各种现象

什么是"二项分布" ……………………………………097
| 二项分布是一种概率分布……………………………097
| 理解二项分布的前提是"组合"……………………101

了解"组合"与"排列" ……………………………… 102
| 什么是"组合"………………………………………102
| 什么是"排列"………………………………………107
| 在组合被视为"重复",在排列中被视为"不同"……112
| 不需要记住公式也能解开数学题……………………115

用骰子理解二项分布………………………………… 118
| 什么是"伯努利试验"………………………………118
| 各种值的范围——"随机变量"……………………121
| 用骰子解读二项分布………………………………123
| 理解二项分布的定理式……………………………130

第 5 章　正态分布与二项分布——两种重要分布的关系是什么

希望大家牢记"中心极限定理" ············· 137
- 什么是"中心极限定理" ············· 137
- 中心极限定理与二项分布 ············· 143

用"三项数值"理解统计图表 ············· 145
- 二项分布的"均值"与"方差" ············· 145
- 正态分布的特征同样适用于二项分布 ············· 149

第 6 章　收视率、投票站出口调查的原理——用统计学解释世界上的神奇之处

日本的家庭总数为 5800 万，为什么用 1/8400 的样本量就能算出收视率 ············· 157
- 收视率真的准确吗 ············· 157
- 随机果然很难 ············· 159
- 收视率有 ±2% 的误差 ············· 161
- 收视率的"均值"与"方差" ············· 165
- 为什么不能用 90 户家庭作为样本 ············· 167

选举投票站出口调查为什么能锁定当选者 ············· 171
- 什么是投票站出口调查 ············· 171

| 有两名候选人的选区 …………………………………………173
| 从投票站出口调查中能看到什么 …………………………176
| 前提仍是"随机" ……………………………………………182
| 了解统计学并不是结束 ……………………………………188

结 语 / 191

第 1 章

"统计学"究竟是什么

——减少金钱和劳动力的浪费

统计学中常见的"误解"

接下来,我将为大家介绍统计学的基础知识。不过,在这之前,我想问大家一个问题:对于统计学在现实生活中的应用有哪些,大家是否拥有准确的概念呢?

不了解统计学的人往往容易产生误解,认为随着电脑和网络的普及,统计学只在有效整理和处理海量数据,即进行所谓的大数据分析时,才会发挥重要作用。

统计学确实有这方面的功效,而且近些年随着技术革新得到了日渐广泛的应用。这一点与传统的统计学略有不同。

大家在日常生活中能够接触到的统计学典型案例,应该是前文提到的电视节目的收视率。

提到"收视率"时,一般指的是家庭收视率。

截至 2018 年,日本大约有 5800 万户家庭,其中有多少户家庭观看了同一档电视节目，用数值表现出来就是收视率。

前文已经提到，调查收视率的装置并没有安装在所有家庭。

媒介研究公司公布的数据显示，在关东地区生活的家庭有 1800 万户，参与调查收视率的样本数量只有 900 户，关西地区、名古屋地区各 600 户，再加上全国其他地区，样本数量总共只有 6900 户。

日本的家庭总数量大约有 5800 万户，所以样本数量不过 1/8400。

此时了解统计学的人肯定明白，根据这些样本数量统计出的收视率是准确可信的。而不了解统计学的人则会心存怀疑，认为不进行全面调查就无法得出准确的统计数字。

当然，我写这本书的目的就是为了让后者了解统计学究竟是一门怎样的学科。

就像收视率和选举时的投票站出口调查一样，为什么用数量有限的样本就能掌握整体情况呢？

我相信大家只要静下心来读进去，最后一定能理解这个问题。

现在我会以收视率为例，简单解释一下统计学是什么，让大家对于统计学有一个感性认识。

说得简短一些，假设只有一户有一台电视的家庭安装了调查收视率的装置，结果会怎样呢？

我们能够知道这一户家庭"有没有看电视"，也就是说，这项数据能够计算出的结果只有"0%"和"100%"。这个结果与实际收视率，也就是进行全面调查后计算出来的数值之间是存在巨大偏差的。

接下来，如果增加一户家庭，调查两户家庭的收视率，结果又会怎样呢？

用 A 家庭和 B 家庭代表两户家庭，看了节目的标记为○，没有看节目的则标记为 ×，那么收视情况如表 1-1 所示。

表 1–1

A 家庭	○	○	×	×
B 家庭	○	×	○	×
收视率	100%	50%	50%	0%

统计结果只会有以上四种情况。

实际计算这四种情况可知,一档节目的收视率会因为每种情况发生的概率不同而变化。

可是,根据两户家庭的数据能够得出的收视率只会是 0%、50%、100% 中的一种。

与调查一户家庭的数据相比,虽然与实际收视率之间的偏差依然很大,但多少会有些进步。

那么,当样本数增加到三户家庭时,情况又如何呢?我们通过表 1–2 可以观察。

表 1–2

A 家庭	○	○	○	×	○	×	×	×
B 家庭	○	○	×	○	×	○	×	×
C 家庭	○	×	○	○	×	×	○	×
收视率	100%	67%	67%	67%	33%	33%	33%	0%

如表 1-2 所示，收视情况变成了八种，那么收视率会如何呢？分类如下：

- 三户家庭全都收看：100%；
- 两户家庭收看：67%；
- 只有一户家庭收看：33%；
- 所有家庭都不收看：0%。

虽说与实际收视率之间仍然存在巨大偏差，但与只有一户家庭或两户家庭的数据相比，可以说调查三户家庭后得到的数据与实际收视率更接近了一些。

当样本数量增加到四户家庭、五户家庭，甚至 100 户家庭、1000 户家庭、10 000 户家庭时，样本数量越多，实际收视率与根据样本计算出的收视率之间的偏差就会逐渐缩小。

无须调查全部样本就能在一定程度上掌握整体情况

就算不进行全面调查，只要收集了一定数量的样本，就能了解实际收视率吗？仅仅利用统计学收集一定数量的样本，就能了解整体情况吗？

严格来说并非如此。

因为样本调查与全面调查之间一定会产生偏差，无法将偏差缩小为 0。

不过，充分利用统计学便可以肯定，只要收集这么多样本，就能把结果与准确值之间的偏差控制在 ±1 以内；只要收集这么多样本，那么准确值就能在 99% 这个范围之内。

也就是说，就算不进行全面调查，只需要少量样本，就能计算出无限接近于全面调查结果的数值。

这就是统计学的魅力。

请大家想一想。

收集 1800 万户家庭的数据，与只收集 900 户家庭的数据所得出的数值相比，如果二者的偏差非常小会怎么样？

调查 1000 户家庭与调查 900 户家庭后计算出的收视率相

比，如果二者几乎没有偏差又会怎么样？

如此情况下，再特意花费人力、物力、财力去收集海量数据就是一种浪费。

统计学恰恰能够有效地消除此类浪费。

统计学的前提是没有偏误

虽然统计学能够用更少的费用和劳动力掌握基本准确的整体情况，但是否能够得出基本准确的结果，还要看样本的选择方式。比如，在调查收视率时，一家人收看的节目类型会随着年代和家庭构成的变化而发生变化。

如果样本偏向于 20~30 岁的年轻人，或者反过来偏向于 70 岁以上的老年人，那么结果同样会有所偏差。也就是说，一旦样本出现偏误，就无法得出准确结果。

所以，统计学者很重视如何抽取样本，以保证不会出现偏误。

报纸和电视上的新闻节目常会进行舆论调查。大部分情况下，它们会采取电话调查的形式，给各地的家庭打电话，询问政治问题或时事议题，让受访者从几个选项中选择答案。

这种情况下，要给谁打电话是随机抽样决定的。随机可以保证所有人被抽到的可能性都是均等的。

那么用什么样的方法可以保证随机呢？

以前的方法是使用电话本。

虽然现在已经不常用电话本了，但在几乎所有家庭都有固定电话的时代，电话本非常重要，因为上面记着绝大部分人的电话号码。

那以前是如何从电话本中进行随机抽样的呢？

通常是这样的，一个人随意翻动电话本，另一个人喊停，再由第三个人选择一个电话号码拨打。

这种方法的效果怎么样呢？

乍一看似乎是随机选择，然而实际操作后会发现，电话本的前几页和最后几页上的号码很难被选到，选出的号码会集中在中间部分。

既然如此，该如何改进呢？

首先，随便选择一个电话号码。然后制定规则，在选择某一页中的某个电话号码后，根据"从前一个电话号码开始数第50个"，或者"从上一页开始向后数第15页"等规则，遵循相同的间隔选择电话号码。

这种方法在随机抽样中被称为系统抽样法，是很久以前经常使用的方法。

随着时代的发展，用电话本进行随机抽样的方法已经不符合现状了，因为手机已经广泛普及了。

如今，无论男女老少，都有了自己的功能手机或智能手机，只有老年人家里可能还在继续使用固定电话。

另外，从个人信息保护的角度出发，越来越多的人并不会把家里的电话号码登记在电话本上。

因此，现在的主流方式是工作人员用电脑随机组合数字形成电话号码，然后拨打这些号码。如果对方符合条件，就请求对方配合调查，这种方法被称为随机数字拨号（random digit dialing，RDD）。

从2016年开始，调查者已经使用这样的方法对功能手机和智能手机的用户进行调查了。

归根结底，从固定电话号码中抽取的样本依然会偏向老年人，而且手机的机主很可能不会接听陌生号码的电话。

虽说是随机，其实无法避免会出现一定程度的偏误。

统计学成立的前提是没有偏误的样本调查。

如果在研究领域进行存在偏误的调查，可能就会引起人们对其真实性的怀疑，认为其动机不纯。

判断是否存在偏误，研究该如何才能避免偏误，同样是统计学中不可或缺的重要一环。

有时也需要有偏误的数据

在某些情况下，有偏误的数据才有意义。尤其是在商业上运用统计学时，添加偏误反而是重要的步骤。

比如，大家在买书时，书里会夹着明信片形式的调查表。虽然问题多种多样，但其实出版社想要的是买家信息。出版社想要调查支持这本书的作者以及喜欢这类书籍的读者认为什么内容有趣、他们对什么内容感兴趣。这些收集到的信息可以为出版社的下一部作品提供参考。

目标群体的信息就是有偏误的信息。这种信息在统计学中存在问题，但对出版社来说却颇有价值。

在处理这些收集来的信息时，就需要用到统计学。但是，出版社的工作人员大都是文科出身，对于统计学接触较少。

所以，就算他们收集到了明信片调查表，往往也只能凭借类似"这种意见好像比较多"的笼统印象得出一个模糊的结果。他们或许认为"反正不会收到几百封明信片，只靠印象就足够了"。其实，凭印象得出的结论，较之现实往往会出现严重偏差。

有些人认为既然不会收到几百封明信片，统计就没有意义；而了解统计学的人认为，正因为明信片数量少，才是统计学发挥作用的时候。

统计方法对于不懂数学的人来说是非常困难的，所以我在这里不做解释。

如果大家需要实践，请务必寻求专家的帮助。

并不是只要喜欢数学，任何人都能熟练运用统计学。

喜欢数学的人或许能说出个大概，但是只有专家才能熟练运用——甚至对于精通数学的专家来说，统计学也是一门极有难度的学科。

以前，日本自民党的一位议员曾在自民党的LINE（一款即时通信软件）官方账号上收集调查表，询问用户希望自民党接下来采取什么样的政策。

有学者对此提出批评，认为"这项调查收集到的数据存在偏差，所以没有意义"。

事实并非如此。

这名学者提出批评可能是期待能够采取没有党派隔阂的政策，而自民党想要调查的是本党派支持者希望采取的政策，因此这完全是不懂统计学的人才会有的想法。

可以推测，大多数浏览自民党的 LINE 官方账号的人是自民党的支持者。了解本党派支持者的期望并非没有意义。

执政党自然会采取执政党的支持者期待的政策。如果选民认为执政党不可理喻，只需要在选举时不给执政党投票就好了。

在学术界通用的常识有时并不适用于现实世界，随机应变需要灵活的头脑。

随机比想象中困难

这里所说的随机抽样，意思是不能有任何人为干预。

那么，完美的随机究竟是什么样子呢？

为了让大家切身感受到随机的意义，请各位读者尝试回答以下问题。

例题 1-1

现在有 1~20 共 20 个数字。

请在下面的 10 个格子中分别随机填入一个数字。

这道题与聪不聪明完全无关，只需要单纯地、随机地选出 10 个数字就好。很简单吧？

这种程度的问题不需要特意写在纸上，只需要在脑子里选出 10 个数字就好。

好了，大家完成了吗？

接下来，请确认你随机选出的 10 个数字是否符合以下条件（条件有很多种，暂且选择以下两种吧）。

① 选择的数字全都不同；
② 数字按照从小到大的顺序排列。

如果你选择的数字符合其中一个条件，或者两个条件都符合的话，那么你所选择的数字就不是随机的。

在 20 个数字中随机选择 10 个，相当于在一个正二十面体的骰子上写下从 1 到 20 的数字，然后掷骰子写下掷出的数字（如图 1-1 所示）。

问题：从1~20中随机选出10个数字？

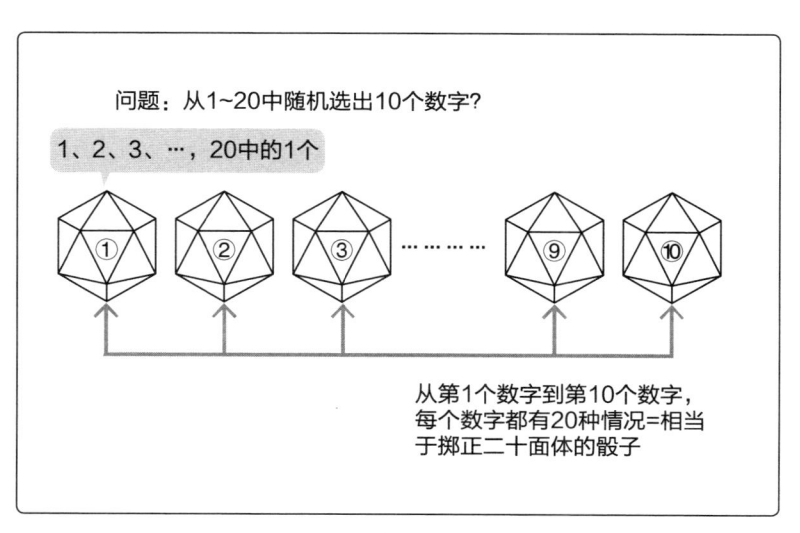

1、2、3、…，20中的1个

① ② ③ …… ⑨ ⑩

从第1个数字到第10个数字，每个数字都有20种情况=相当于掷正二十面体的骰子

图 1-1

将一个正二十面体的骰子掷 10 次，每次掷出的数字有 20 种情况，因此一共有可能出现 20×20×20×20×20×20×20×20×20×20=10 240 000 000 000 种情况。

另一方面，如果满足条件①，那么第一次会出现 20 种情况，第二次会出现除第一次掷出的数字之外的 19 种情况，同理第三次会出现 18 种情况，所以有可能出现的情况只有 20×19×18×17×16×15×14×13×12×11=670 442 572 800 种，比掷 10 次正二十面体的骰子得到 10 240 000 000 000 的情况要少得多。

大家或许会认为这个数字已经相当大了，其实它和完美随机的情况相比只是一部分，一定会出现相当大的偏差。

那么，满足条件②时会出现多少种组合，就留给大家当作业去算一算吧。

有人单纯地认为，随机只需要随便选选就好，其实要做到完美、不加任何干涉的选择比想象中困难。

做到完美地乱选一通其实很难。

现在使用电脑可以简单地随机选择数字,不过正如前文写到的那样,在技术尚不发达的时候,人们需要使用电话本等工具进行随机抽样。

或许大家觉得麻烦,可是随机并不容易,必须做到这种程度才行。

很难做到恰到好处

人类很难做到完美地随机,同样也很难做到整理所有信息,并且恰到好处地记录下来。

在演讲时,人们常常会用到"关于这个项目一共有三个课题"或"这个项目能够总结出四个问题点"之类的说法,但是很少有人能够恰到好处地对内容进行总结。

反之,能够总结得恰到好处的人,说话往往合情入理、逻辑清晰,而且不会重复和啰唆,非常有说服力。

你属于哪一类人呢?

其实，只要观察一个人的数学能力，就能在一定程度上看出其逻辑能力。

比如，请大家尝试解答下面的问题。

例题 1-2

有六张卡片，分别写着数字 1~6。现在要从中选出三张，一共有几种选择方法？

对于高中时擅长数学的人，或许会搜寻过去的记忆，回忆"是组合还是排列？有什么公式吗？"其实并不需要。

看到数学问题就试图回忆公式，这是数学不好的人容易陷入的误区。

理解数学思维方式的人，即使不背诵公式也能够解答问题。

其实，我上大学时学的正是数学专业，但我几乎不记得什么数学公式，不过我知道应该如何思考，以及该朝哪个方向思考能够解决问题，所以就算不知道公式也能做出解答。

同理，要想解决例题 1-2 所示问题，只需要单纯地写出所有你能够想到的组合就好。尽管数字越多越费时间，不过那也只是几分钟而已。

这不是考试，并没有时间限制，所以花上几分钟也没什么。

下面请大家拿出纸和笔写一写吧，看看能够写出所有组合吗？

该例题答案如图 1-2 所示。

只要都写出来，就能很清楚地发现，一共有 20 种情况。

这就是数学之美。

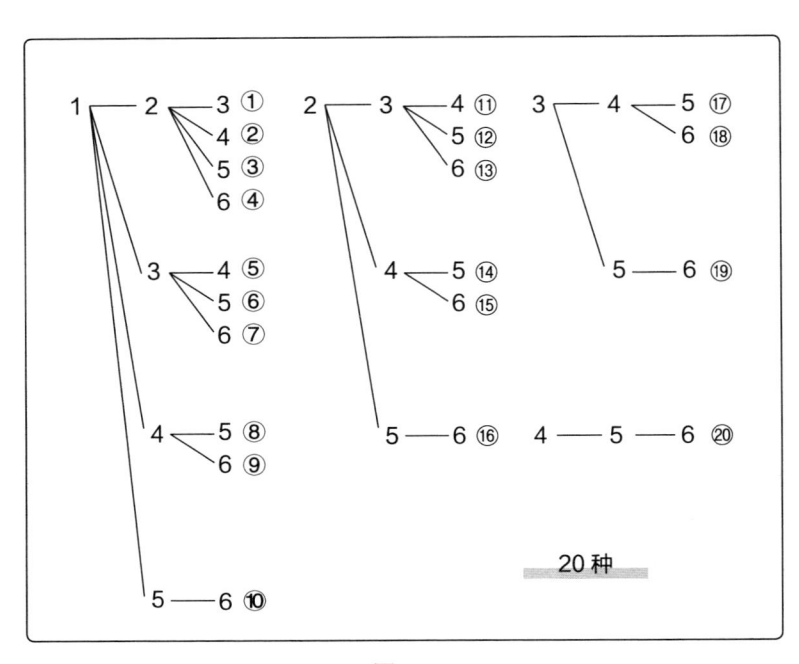

```
1 — 2 — 3 ①        2 — 3 — 4 ⑪       3 — 4 — 5 ⑰
        4 ②                5 ⑫               6 ⑱
        5 ③                6 ⑬
        6 ④
                       4 — 5 ⑭          5 — 6 ⑲
    3 — 4 ⑤                6 ⑮
        5 ⑥
        6 ⑦
                       5 — 6 ⑯       4 — 5 — 6 ⑳
    4 — 5 ⑧
        6 ⑨
                                              20 种

    5 — 6 ⑩
```

图 1-2

第 2 章

直方图、均值、方差、标准差

——"统计学"从这里开始

最大众化的统计学——
直方图

▍人人都能尝试的骰子直方图

在笼统地了解什么是统计学之后，让我们来做一做符合统计学规律的事情。

当我们收集到真实数据，打算利用统计学解读数据时，有多种操作方法。

其中最大众化的方法是画直方图。用大家熟悉的词汇来说，就是柱状图。

如果用统计学中的专有名词来解释，直方图就是纵轴表示"频数"、横轴表示"组距"的统计图。

并不是说只要有数据，就能马上画出直方图，中间还需要几个步骤。

大家或许会有疑问，频数是什么？组距又是什么？

总而言之，如果没有从收集到的数据中至少导出频数和组距两组数据，那就没办法画出直方图。

那么，要如何从收集到的数据中取得必要的信息，从而画出直方图呢？

在解释直方图时，最简单易懂的方式是利用骰子。

假设有一个没有偏差、每个面出现概率均等的骰子。也就是一个完好的骰子，不会倾斜也不会倾向于掷出某一个面。

让我们做一个试验：掷三次骰子，记录每一次掷出的数字。骰子的数字是1~6，每次掷出的数字分别有六种可能性。也就是说，每次试验会出现的三个数字的排列方式一共有 $6×6×6=216$ 种可能性。

我们不知道会掷出"111"还是"666"，不过无论是哪一种数字组合，出现的概率都是1/216。

现在我们将每一种数字组合编号，从 1~216 号。假设"111"是 1 号，"112"是 2 号……把出现的三位数按照从小到大的顺序编号的话，最后一种数字组合"666"就是 216 号。

当掷骰子的试验重复 10 000 次之后，被编成 1~216 号的数字组合出现的比例分别是多少呢？

因为每次试验需要掷三次骰子，所以 10 000 次试验就需要掷 30 000 次骰子。

我们需要记录全部 30 000 次结果。

只要做的次数足够多，这种程度的试验也是能完成的。我希望有时间的读者一定要亲自挑战。这里我直接给出结论。

最终结果大致如图 2–1 所示。

1~216 所有数字组合出现的次数相同，大约为 135 次。这是因为使用了没有偏差的骰子，并且掷了 30 000 次之多。

在每种数字组合出现频率全部相同的情况下，掷骰子的次数越多，每种数字组合出现的次数差异越小。

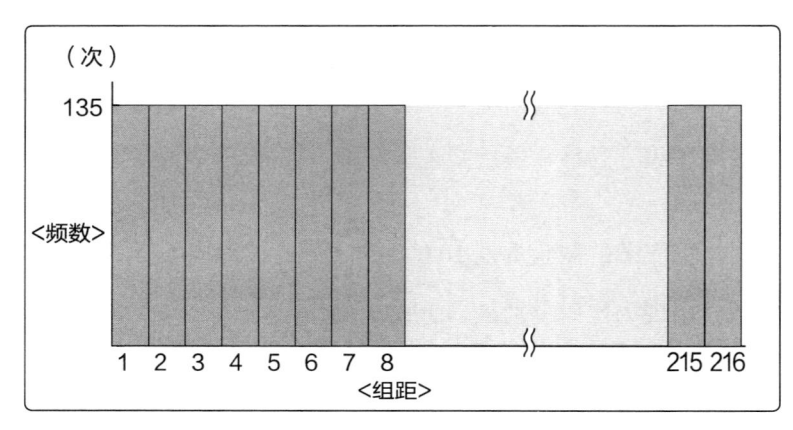

图 2-1

稍微岔开一下话题，如果只进行 600 次试验，将结果做成直方图的话，就会得到如图 2-2 所示的结果。

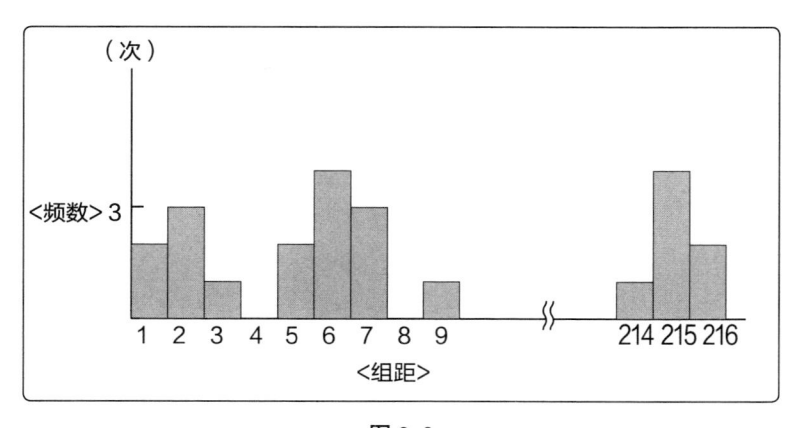

图 2-2

如大家所见，柱形的高度参差不齐。

由此可知，试验次数不同会改变最终结果。也就是说，我们在统计数据时，还需要考虑必须收集的数据量，继续深入会变得太难，所以在此不做详细展开。

如果做了 30 000 次试验后，直方图里柱形的高度依然参差不齐，那么恐怕试验的前提出现了错误。

换言之，就是骰子不平衡。

"频数"和"组距"是什么

由图 2–1 和图 2–2 可知，这两个直方图的频数表示次数，组距表示掷出的数字组合。

当然，这种解释并不适用于所有直方图。根据处理的数据不同，频数和组距表示的含义会发生改变。

不过，一般情况下，在做统计时几乎所有的统计数字都更精细，范围也更广。

因此，所谓的统计学教科书，在解释直方图时，常常会用身高的数据来举例。

因为身高由各种各样的因素决定，比如父母的遗传基因、本人的生活习惯、饮食状况、运动情况等，均属于偶发结果，所以很容易被用作例子。

本书也尝试做出了关于身高的直方图。

例如，假设现在有四个人，不考虑他们的性别，单纯记录身高，数据如下：

- 第一个人：155cm；
- 第二个人：169cm；
- 第三个人：166cm；
- 第四个人：157cm。

接下来，尝试按照一定范围划分不同身高区间。划分范围囊括从最小值到最大值的所有数据，按照更小的范围划分数据。

以下列这组数据为例，比较简单易懂的方式是以5cm为单位进行划分：

- 151~155cm；
- 156~160cm；
- 161~165cm；
- 166~170cm。

这就是组距。

大多数情况下，幅度会以 5~8cm 作为划分标准。

接下来，各组数据值的代表就是"组中值"，即每组数据的中值。

一般情况下会选择正中央的数值作为组中值，不过基本上无论选择哪个数值都可以。

在这次的数据中，如下组数据所示，我们选取了各组距正中央的数值，并设定为组中值：

- 151~155cm 组距→组中值：153cm；
- 156~160cm 组距→组中值：158cm；
- 161~165cm 组距→组中值：163cm；

- 166~170cm 组距→组中值：168cm。

接下来，请思考四个人中每个人的数据符合哪一组的组距，结果如下：

- 151~155cm……第一个人（155cm）符合；
- 156~160cm……第四个人（157cm）符合；
- 161~165cm……没有人符合；
- 166~170cm……第二个人（169cm）、第三个人（166cm）符合。

于是便可以看到符合每个组距的人数：

- 151~155cm……1人；
- 156~160cm……1人；
- 161~165cm……0人；
- 166~170cm……2人。

这些人数就是直方图中的频数。

由此，我们掌握了绘制直方图所需的一切要素。

那么，让我们试着把所有数据整理成一览表（如表 2–1 所示）。

表 2–1

组距	组中值	频数	累计频数
151cm~155cm	153cm	1	1
156cm~160cm	158cm	1	2
161cm~165cm	163cm	0	2
166cm~170cm	168cm	2	4

该一览表就是"频数分布表"。

以这张表格为基础画出的直方图如图 2–3 所示。

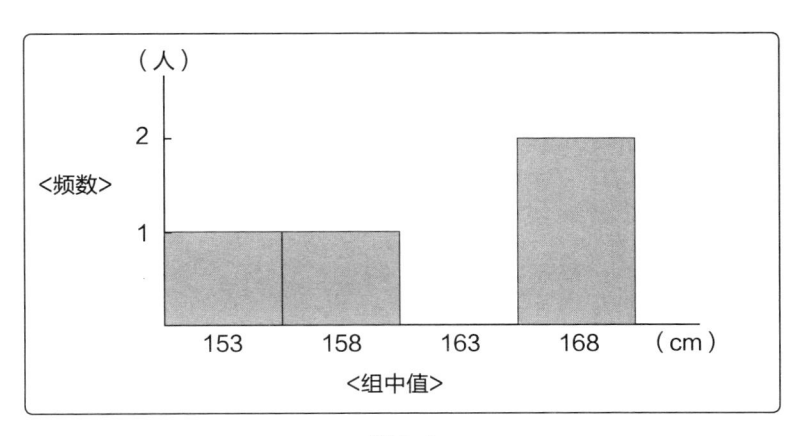

图 2–3

所以，哪怕只有四个人的数据，也足以画出直方图。

或许有人看到图 2-3 所示的直方图后会觉得不可思议。比如，组中值"153cm"的频数为 1，这个数据原本应该表示在"151~155cm"组距中有一名身高为"155cm"的人，可是直方图上显示的却只是"有一名身高为 153cm 的人"。

总而言之，与原始数据相比，信息的准确性有所欠缺。

不过，在统计学中，这种误差并不会影响分析。而且，在实际测量时，并不会仅仅使用四个人的数据就制作直方图。

因为要处理庞大的数据，所以拘泥于精确数值会很麻烦。就算有一定程度的误差，也不会对结果产生太大影响，数据量越大越是如此。

所以，统计学会放过微小的误差。因为运用统计学正是为了更便捷地整理和处理数据，让数据变得简单易懂。

无论什么样的现象，只要有一定数量的数据，就可以画出直方图。

比如，一个人掷 30 000 次骰子虽然很辛苦，但掷 100 次还是不难做到的。掷 100 次骰子，然后记录 1~6 出现的次数，这样一来就能轻易画出直方图。

收集家人和亲戚的身高数据同样可以画出直方图。

这是了解统计学的第一步。

大家可以尝试亲手画一次直方图，实践是最容易掌握知识的学习方法。

到现在为止，只要有统计数据，我就会尝试绘制直方图。

而且，现在有了 Excel 等计算软件，只需要下载数据就能轻易绘制直方图，操作非常简便。

计算"均值"和"方差"

统计学中的"均值"计算方法

画出直方图，就能理解收集到的数据的整体特征。

接下来，为了更细致地观察数据，掌握数据拥有的特征，我们需要了解几项重点。

第一个是"均值"。

我想各位读者应该很熟悉"平均"这个概念吧。大家都知道要如何得出平均值，只需要计算数据的总和，然后除以数据的数量即可。

掷 30 次骰子时，每个数字出现的次数如图 2-4 所示的直方图。

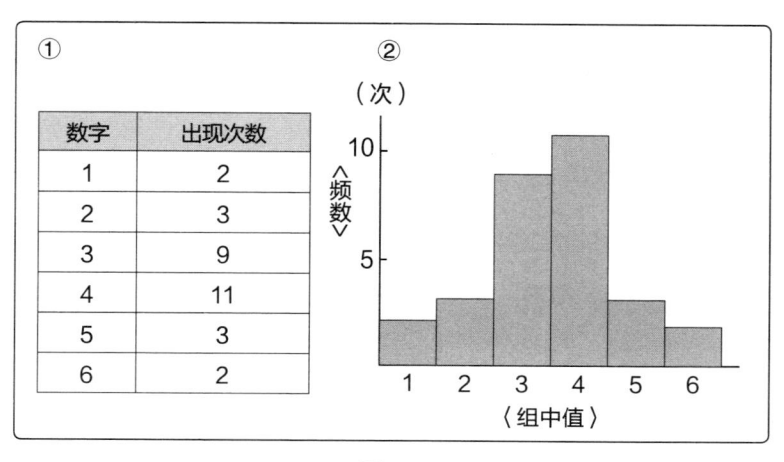

①

数字	出现次数
1	2
2	3
3	9
4	11
5	3
6	2

②（次）〈频数〉〈组中值〉

图 2-4

我们并不会用这个试验来求均值，但我希望大家通过这个试验来了解其"思路"。

接下来，让我们尝试从这组数据中求均值。

如前文所述，需要用合计除以数据的数量，如算式 1 所示。

$$\frac{1\times2+2\times3+3\times9+4\times11+5\times3+6\times2}{30}\approx3.53 \quad （算式1）$$

也就是说，这组数据的均值约为 3.53。

我们还可以用另一种方法来看待这组数据。

掷 30 次骰子后出现了两次"1"、三次"2"、九次"3"，用这样的方法来看待所有数字的话，就可以用以下方法求得均值，如算式 2 所示。

$$1\times\frac{2}{30}+2\times\frac{3}{30}+3\times\frac{9}{30}+4\times\frac{11}{30}+5\times\frac{3}{30}+6\times\frac{2}{30}\approx3.53 \quad （算式2）$$

两种计算方法得出的均值相同，但得出这两个均值的思路却有很大不同。

算式 1 的计算方法是求均值的普通方法，用每个数据的总和除以数据的数量。

算式 2 的计算方法是用组中值的频数除以总体次数，再与组中值相乘得到总和。

组中值的频数占总体次数的比例就称为"频率"。

总而言之，得出的值表示掷 30 次骰子时的详细情况。

这组数据中每一个组中值的频率分别为：$\frac{2}{30}$、$\frac{3}{30}$、$\frac{9}{30}$、$\frac{11}{30}$、$\frac{3}{30}$、$\frac{2}{30}$。另外，所有组中值的频率之和一定为 1，即 $\frac{2}{30}+\frac{3}{30}+\frac{9}{30}+\frac{11}{30}+\frac{3}{30}+\frac{2}{30}=1$。

因为这次以掷骰子为例，所以组中值是固定的，无论用哪一种方法求得的均值都一样。

可是，如果以前文提到的身高数据为例，那么组中值之间就会存在一定间隔。

也就是说，用所有数据的总和除以数据的数量计算均值，以及用组中值的频数除以总体次数，再与组中值相乘得到总和，这两种方法得出的均值可能存在一定差异。

算式 1 计算出的均值叫作"普通均值"，而算式 2 计算出的均值叫作"加权平均值"，在统计学中提到"均值"时，一般是指用算式 2 求得的均值。

表示数据离散程度的"方差"

那么，用组中值和频率求得的"均值"究竟有什么意义呢？

简单来说，均值只是表示"这组数据的正中央在这里"。

换一种说法，将均值放在直方图上，直方图将在均值所在的点保持平衡。从解读数据的目的出发，均值的意义不大。

只求均值无法看出一组数据所蕴含的意义。

接下来要求的数值是"方差"。

方差用来表示一组数据的离散程度。

大家请看图 2-5。

直方图中的竖线表示均值为 3.53。如果将几乎所有数据都集中在均值上，那么这就是一组"没有离散，非常整齐"的数据。

可是，从直方图中可以看出，并非所有数据都集中在均值上。

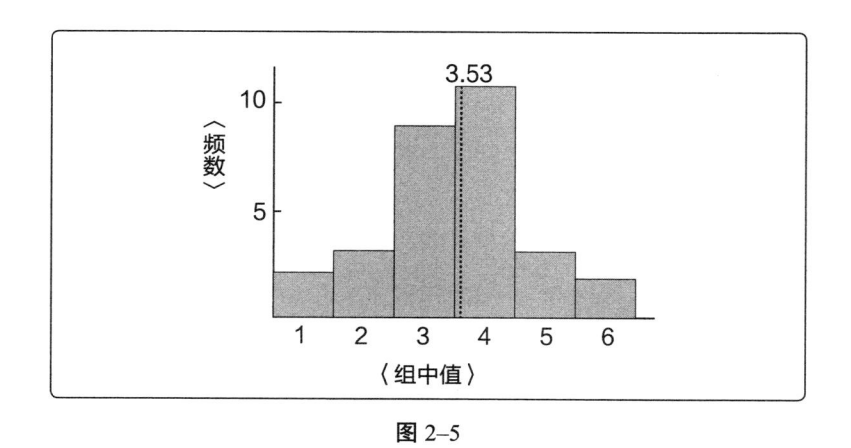

图 2-5

那么，让我们试着写出每一个数据比均值小多少，或者大多少，再来看看会得到什么吧（如图 2-6 所示）。

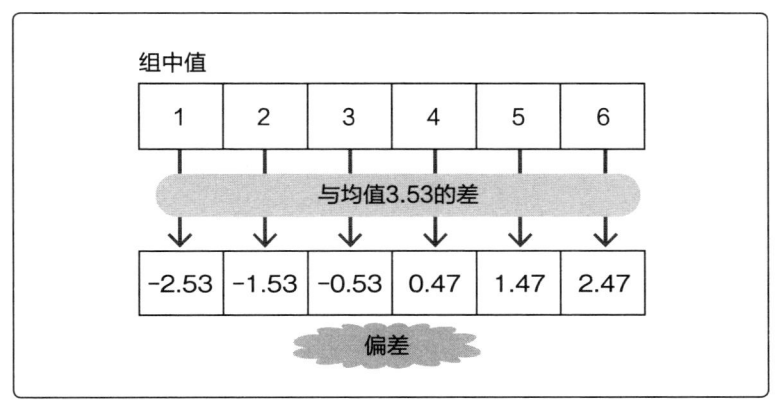

```
组中值
┌───┬───┬───┬───┬───┬───┐
│ 1 │ 2 │ 3 │ 4 │ 5 │ 6 │
└───┴───┴───┴───┴───┴───┘
      与均值3.53的差
  ↓   ↓   ↓   ↓   ↓   ↓
┌─────┬─────┬─────┬─────┬─────┬─────┐
│-2.53│-1.53│-0.53│0.47 │1.47 │2.47 │
└─────┴─────┴─────┴─────┴─────┴─────┘
           偏差
```

图 2-6

图 2-6 中的数值与均值之间的差就叫作"偏差"。

观点 2-1
偏差 = 数值 - 均值

不过,偏差并不能准确地表现一组数据的离散程度,因为每个数据的频数不同,所以还要考虑频数。

为了弄清楚一组数据的偏差程度,我们需要进行这样一个步骤,但如果直接计算会出现一个麻烦——偏差有正负之分。

举例来说，偏差为"–1"和"1"时，两个数据与均值的差不变（如图 2–7 所示）。

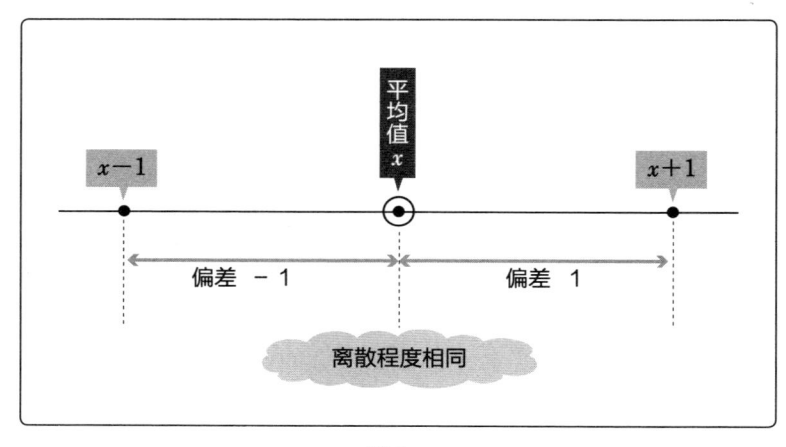

图 2–7

如果直接用偏差进行计算，那么二者相抵，得到的结果太小。所以，要用偏差的平方乘以频数，然后再计算平均值，则得出：

$$\frac{(-2.53)^2 \times 2 + (-1.53)^2 \times 3 + (-0.53)^2 \times 9 + (0.47)^2 \times 11 + (1.47)^2 \times 3 + (2.47)^2 \times 2}{30} = 1.4489$$

这是"方差"的值，也就是表示数据离散程度的值。

公式可以替换成以下形式。

$$(-2.53)^2 \times \frac{2}{30} + (-1.53)^2 \times \frac{3}{30} + (-0.53)^2 \times \frac{9}{30}$$
$$+ (0.47)^2 \times \frac{11}{30} + (1.47)^2 \times \frac{3}{30} + (2.47)^2 \times \frac{2}{30} = 1.4489$$

大家有没有发现，这个公式与前文提到的求均值时的算式2非常相似。

接下来，只需要将公式中"偏差的平方"换成三次方或四次方，就可以求得统计学中的各种要素。不过这是面对高阶读者的内容，本书不做详细说明。

在此我只是希望大家明白一个事实：能够充分运用统计学的人，只需掌握求均值就能学会很多内容。

观点 2-2

方差 = $\sum$ [(偏差)^2 × 频率]

方差的值越大，表示一组数据的离散程度越大；方差的值越小，表示一组数据的离散程度越小。

方差大小不同，直方图也会有所不同。

方差大的数据，其直方图往往高低不平，缺乏统一感；而方差小的数据，其直方图中接近均值的数据更多，距离均值越远，数据越少（如图 2-8 所示）。

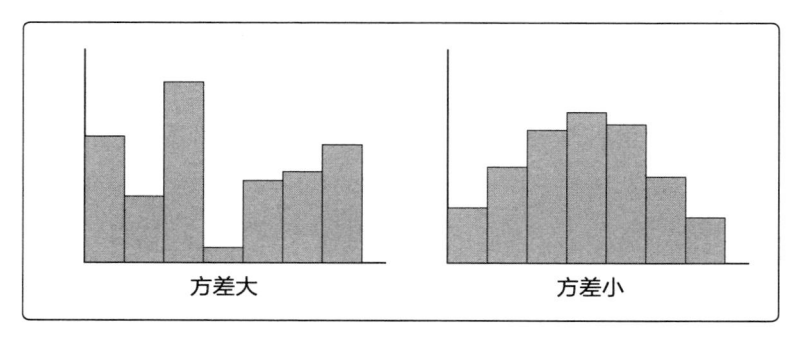

图 2-8

反过来说，了解统计学的人只要能够求出一组数据的均值和方差，就能在一定程度上想象出直方图的样子。

直接用数值表示"标准差"

通过方差了解一组数据的离散程度，这在统计学中是行得通的。但是，从数学的观点考虑，这样会出现一些问题，那就是在计算过程中使用了偏差的平方。虽说是为了避免麻烦，可是这样计算出的方差值过大。

于是，为了让过大的方差值回归原状，需要给方差开平方，所计算出的值叫作"标准差"。

标准差在英语中为"standard deviation"，所以在统计学课本中大多用"S.D."表示。

观点 2-3
标准差 = $\sqrt{\text{方差}}$

标准差可以直接表示数据与均值之间的离散程度。

你知道偏差值的计算方法吗

偏差值究竟是什么

到现在为止，我们已经学习了统计学最基础的入门知识，此时的状态相当于迈出了了解统计学的第一步中的半步，大家感觉如何？是能轻松跟上还是已经掉队了？

对于"数字过敏者"来说，前文中提到的内容多少还是有些复杂（我之前提到的那位编辑此时已经开始走神了），所以下面我想用大家熟悉的"偏差"的代表事例——偏差值来进行说明。

在初高中时期，其实大家每次考试都会得到一个"偏差值"。在决定要上哪所大学时，偏差值是备受重视的标准。

大家对于偏差值的了解有多少呢？至少应该知道，分数越高偏差值越大，分数越低偏差值越小。

那么，大家知道偏差值最高可以达到多少吗？偏差值究竟是如何计算出来的吗？

顺带一提，我曾经在自己的模拟考试中看到过 90 甚至 100 的偏差值。说得极端些，在满分 100 分而平均分只有 10 分的这种格外难的考试中，如果能考到 100 分，那么这名学生的偏差值会非常高。

如字面意思，偏差值是"偏差"的值。总而言之，偏差值使用了"标准差"的概念。

粗略解释的话，就是假设全体学生的平均分为"偏差值50"，那么分数高于平均分的学生偏差值就会高于50，分数低于平均分的学生偏差值就会低于50。

如此偏差值是如何得出的呢？

偏差值有明确规定的公式。

假设考试分数为 x，可以通过以下公式（这是表示定义的公式，所以叫作定义式）求得偏差值。

$$偏差值 = \frac{x - 均值}{\frac{S.D.}{10}} + 50$$

表 2–2 所示为五个人的考试结果。

表 2–2

人	A	B	C	D	E
分数	x_1	x_2	x_3	x_4	x_5

这场考试的平均分为

$$平均分 = \frac{x_1+x_2+x_3+x_4+x_5}{5}$$

也就是说,平均分等于把所有人的考试分数加起来再除以参加考试的人数。

在这个例子中,因为只有五个数据,所以计算并不困难。然而,实际考试中则必须将几十、几百甚至几千个数字加起来进行计算。

因为要把所有需要相加的数字写下来很麻烦,所以数学家们努力缩短公式,得出了以下公式:

$$平均分 = \frac{\sum_{i=1}^{5} x_i}{5}$$

如果你对公式"过敏",那么大致了解一下即可。

公式原本是精确无误的,对于能够理解的人来说是胜过语言的存在。我想恐怕人类会靠数学完成与外星人的第一次对话。

如果你不能理解公式这种"崇高的语言",那实在是一件相当可惜的事情。

利用这个公式就能求出平均值,接下来的问题是标准差（S.D.）。

对于已经学会求标准差的读者来说,这应该是小菜一碟。只需要先用数据和均值求出方差,然后开根号即可。

另外,在前文的例子中提到,考试分数的频数均为1,所以不需要考虑频数。

在这些条件的基础上,可以得出以下公式:

$$方差 = \frac{(x_1-平均分)^2+(x_2-平均分)^2+(x_3-平均分)^2+(x_4-平均分)^2+(x_5-平均分)^2}{5}$$

$$= \frac{\sum_{i=1}^{5}(x_i-平均分)^2}{5}$$

$$标准差 = \sqrt{方差}$$

$$= \sqrt{\frac{\sum_{i=1}^{5}(x_i - 平均分)^2}{5}}$$

这样一来，所有需要的"零件"都集齐了。

接下来，只需要将平均分和标准差套入求偏差值的公式中，就能得到自己的偏差值了。

乍一看，或许你会认为计算非常复杂，其实只要试着算一算，就会发现并没有那么难。

如今电脑上已经安装了很多方便的软件，所以操作其实简单了很多。

顺带一提，我在大学授课时会用偏差值对学生进行评价。因为一些科目设有限制，获得最高等级成绩的人数必须保持在一定比例之内，而考试分数是单纯的数字，如果换算成偏差值，就能轻松地将获得最高等级成绩的人数控制在一定比例之内。

> **观点 2-4**
>
> 假设有 Z 个人参加了考试,则
>
> $$考试平均分 = \frac{\sum_{i=1}^{Z} x_i}{Z}$$
>
> $$考试的标准差 = \sqrt{\frac{\sum_{i=1}^{Z}(x_i - 平均分)^2}{Z}}$$

计算偏差值

看到偏差值的定义式后,有人会产生疑问:"为什么要把标准差设为 $\frac{1}{10}$?""为什么最后要加上 50?"

第一个问题的答案是,如果直接代入标准差的数值计算,得到的数字会过小;第二个问题的答案是,因为用"50"作为平均分正合适。

恐怕打分的人有强烈的刻板印象,认为考试的满分就是

100分，分数最高的人偏差值也不过80、90左右，所以加上50刚刚好。

在一般考试中，最容易拉开分数差距的科目就是数学。

假设标准差为20，平均分为30，那么在这场考试中取得100分的人的偏差值是多少呢？

$$取得100分的人的偏差值 = \frac{100-30}{\frac{20}{10}} + 50$$

$$= 85$$

在这场考试中取得100分的人的偏差值是"85"，那么考0分的人的偏差值是多少呢？

$$考0分的人的偏差值 = \frac{0-30}{\frac{20}{10}} + 50$$

$$= 35$$

根据计算，考0分的人的偏差值是"35"。

那么当平均分相同，但是标准差为30时，考100分的人和考 0 分的人的偏差值分别是多少呢？

$$\text{考 100 分的人的偏差值} = \frac{100-30}{\frac{30}{10}} + 50$$

$$\approx 73$$

$$\text{考 0 分的人的偏差值} = \frac{0-30}{\frac{30}{10}} + 50$$

$$= 40$$

就算考试分数相同，平均分也相同，当标准差（即分数）的离散情况不同时，偏差值也会有所不同。

标准差会让偏差值上升还是下降

现在将前文中两种情况的偏差值进行比较，这里或许文科生会感到奇怪吧。

这里的意思是，"当标准差从 20 变为 30 后，得分高的人的偏差值明明下降了，得分低的人的偏差值为什么反而上升了？如果二者都上升或都下降的话还好理解……"（如图 2–9 所示）。

标准差（S.D.）	0分考生的偏差值	100分考生的偏差值
20	35	85
30	40	73

↑ S.D.上升 偏差值上升　　↑ S.D.上升 偏差值下降

为什么？

图 2–9

这就是从前言开始在本书中屡屡登场的那位编辑——一位"数字过敏者"代表——所提出的疑问。

这正是不懂统计学也不懂数学的人会出现的感觉，而我丝毫不理解她为什么会这样想。

这个疑问证明她完全不懂什么是标准差。

如果读者中有人抱有同样的疑问，那么请看图 2–10。

这是将两次试验结果中的偏差值和各个偏差值的人数画成图表的结果。

基本上，大部分人集中在接近考试平均分的分数，分数格外低和格外高的人都比较少，因此，图表形状在平均分处呈隆起状。

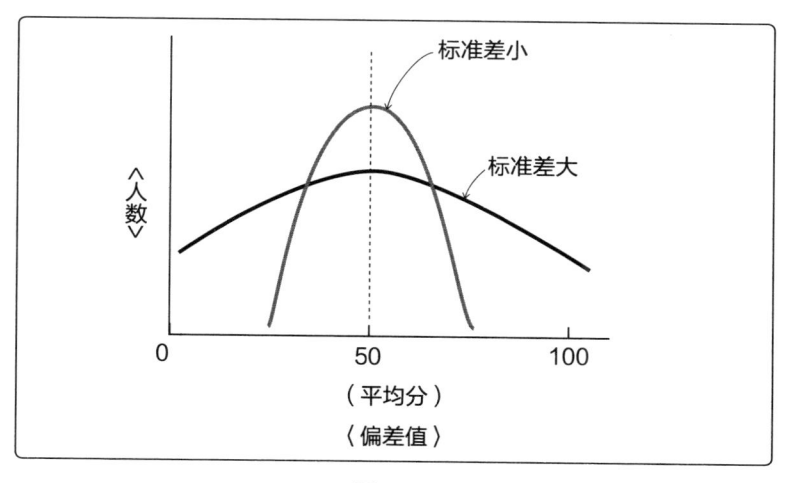

图 2-10

图 2-10 中的两条曲线形状不同，这是由于标准差的不同而导致的。

标准差可以表现出数据的离散程度。也就是说，标准差越大，数据的离散程度越大；标准差越小，数据的离散程度越小。

以考试成绩的数据为例，离散程度小说明"分数相对集中在平均分附近"；相反，离散程度越大，说明考试分数从低到高均匀分散。

标准差小的情况下，考 0 分或 100 分时，会与平均分产生较大的偏差。

总而言之，这两种情况出现的可能性都比较小。

因此，考 0 分的人偏差值极低，而考 100 分的人偏差值极高。也就是说，二者的偏差值都增大了。

另一方面，标准差大的情况下结果相反。

因为分数并不会过度集中在平均分附近，而是会相对分散，所以就算考了 0 分或 100 分，与平均分的偏差也相对较小。

所以 0 分和 100 分的偏差值差距缩小，数字更加接近。

只看数字难以理解的人，在看到图表后应该也能恍然大悟了吧。

顺带一提，擅长数学的人在看到数字后能够同时在脑海中画出图表。

一次考试无法测出学力

这样一来，让大多数人在上学时感到苦恼和憎恶的偏差值就已经解释清楚了。

学生们会参加全日本举行的统一模拟考试，来确定自己能不能考上心仪的学校，或者判断自己的能力水平如何。

看到考试结果中的偏差值时，总是有人欢喜有人忧。

不过模拟考试结果终究是推测而已。正式升学考试只有一次。无论你的成绩多么优秀，不参加正式考试都不可能知道结果，这种说法确实没有错。

尽管如此，要想尽可能准确地推测正式考试的结果，重要的是连续参加"同样的"模拟考试，根据所有考试的结果来统计偏差值的变化。

这里提到的"同样的"，意思是基本上由同一批人参加的考试。

全体调查对象在统计学中叫作"样本总体"。当样本总体相同时，各场模拟考试的偏差值变化才能更准确地显示学生自身学力的变化。

世界上有各种各样的人，他们的成绩大致可以分为两种。一种是在任何考试中都能考出差不多分数的人；另一种是分数忽高忽低不稳定的人，这种人的成绩变化很大。

首先，大家必须清楚，自己属于哪一种类型。

想要弄清楚方法也很简单。计算至今参加过的模拟考试获得的偏差值的均值，然后再算出标准差就好。只要知道这两个数字，就能了解自身的实力。

对此，你可以通过均值了解在参加模拟考试的时候，自己的偏差值大概是多少。

了解包含状态好的情况和状态不好的情况在内，自己的偏差值大概是多少。

标准差能告诉我们每次偏差值的差距。差距越小，说明每次考试的结果基本相同；相反，如果差距越大，说明成绩起伏越大。

有的人认为，只有每次模拟考试的结果，才能说明自己当时的学力。

确实，模拟考试的样本总体越大，越有利于确定自己在整体中的位置。

不过，模拟考试的结果，归根结底是举办模拟考试的补习班之类的机构，根据以前积累的考试数据做出的判断，比如"偏差值在这个范围内的话，有九成的机会能考上某所大学"，然后给学生打出成绩 A 或 B。

假设学生的分数起伏剧烈，也就是每次考试的结果变化较大，却不知道自己属于这种类型，就只会在看到每次考试结果时或喜或忧。

我们完全无法预测下一次模拟考试或正式考试时情况会怎样。

如果明白自己属于分数起伏剧烈的类型，就能够预测"下一次估计自己状态会不好"，并且制定对策，想办法在正式考试时调整到较好的状态。

另外，有时会出现以前的分数并不算太高，却在某次考试中取得惊人成绩的情况。

此时你或许会大为欣喜，觉得"之前的努力终于结出了果实"，但事实并非必然如此，因为世界上还真有"碰巧"这回事。

当然，如果在正式考试时侥幸碰上，那么运气也是实力的一种，自然值得庆幸。可是，如果错把模拟考试中的"碰巧"当成"实力"，一定会对后续结果产生影响。

这种情况下就轮到统计学登场了。

只要拿出以前考试的平均分和标准差，那么"碰巧"得到的高分就不再显眼了，也就能够看到更接近真正实力的结果了。

统计学能够通过数字让我们准确把握自己较为真实的实力，不会产生误解，也不会出现刻板印象或模糊认识。

我希望大家记住，一次考试的结果无论是好是坏，其实都不能作数。

如果将最近一次考试的结果当成"现在的学力"，反而无法准确把握自身的实力究竟如何。

要想更准确地测试自身的实力，最合适的方法是继续追踪结果，每次出现新结果时都计算出均值和标准差，切实把握自己的学力类型和学力变化情况。

更进一步说，分数或喜或忧，并不能解决任何问题。因为如果题目简单，大家都能考出高分；如果题目较难，大家的分数都会下降。

当你考出了比平时更高的分数时,在做出"是自己的实力上升了"的判断之前,需要冷静地想一想,是不是这次考试大家都考得很好。

不要因为分数低而失落,而是应该先想一想"或许是因为题目太难",了解"这次考试的平均分是多少"之后,再来判断自己的分数是好是坏,也就是要看"偏差值"。

用统计学的思维方式去看待问题,大家就会明白,不受欢迎的偏差值是多么有用。只要找到正确面对偏差值的方法,它就会成为助你提升自身学力的可靠伙伴。

第 3 章

正态分布

——最常见的"分布之王"

什么是"正态分布"

表格像左右对称的山峰

当我们收集数据用来分析、理解时,收集的数据往往参差不齐。

所有的数据严丝合缝、条理清晰的情况并不多,一般情况下,收集的数据都比较分散。这就叫作"数据分布"。

要想理解分散的数据,需要用到第2章介绍的均值和标准差。

知道了理解数据分布所必需的要素后,接下来我想为大家介绍统计学中最常见的数据分布,叫作"正态分布"。

正态分布有"分布之王"的美誉,是最具代表性的分布形式。

那么,什么样的分布类型才能被称为"正态分布"呢?

让大家看看实际事例更容易理解。

如图 3-1 所示，正态分布在图表中呈现一个左右对称的像山峰一样的图形。

另外，呈正态分布的数据以均值为界限，前后的数据分散情况相同。这种分散方式很有特点。

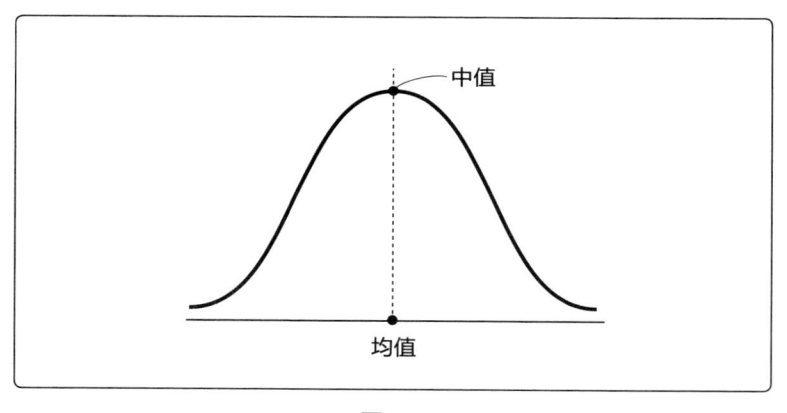

图 3-1

从图 3-1 中可以看出，均值和图表的顶点位置几乎一致。

图表的顶点叫作"中值"。图表均值的频数，也就是中值，处于最高位置，左右两边同样弧度的曲线则逐渐下降。

另外，影响曲线形状的因素是标准差，它就是决定分布路径的数值。

什么样的数据会形成"正态分布"

正态分布是最具代表性的分布形式，因为在自然界和人类社会观测到的数据常常会出现这种分布形式。

当然，并非所有数据都会形成正态分布。

正态分布常常出现在有多个不同要素相互影响的现象中，比如身高。

大家或许会认为一个人的身高只由父母的基因决定，其实并非如此。身高是由饮食习惯、成长环境、参与的运动等众多因素共同决定的。另外，哪怕在遗传方面，孩子的身高也会因为更多地遗传了父亲的基因或母亲的基因而发生改变，没有人知道孩子会更像谁。

诸如此类的影响因素很多，而且偶然性非常高的数据更容易形成正态分布。

跑步速度同样如此。虽然父母的基因对孩子能否跑得快有很大影响，不过孩子是否继承了父母的跑步基因是一种偶发情况，没有人能够有意介入。结果就是，世界上跑得快的孩子和跑得慢的孩子的数量平均，形成了正态分布。

另一方面，"体重"就难以形成正态分布。

相较于先天因素，更能够影响体重的是出生后的饮食和运动。

后天因素影响较大的数据难以形成正态分布。

没有形成正态分布的典型例子还有"收入"。

收入的偶然性较低，一旦收入上涨，往往会形成继续上涨的趋势；相反，低收入的人很难获得更高的收入。有钱人会越来越有钱，没有钱的人则很难赚到钱（如图3-2所示）。

另外，有钱人是少数，而没有钱的人占多数。也就是说，在收入分布表中，中值会大幅偏左，与均值并不一致。

如图3-3所示，收入分布没有形成正态分布。

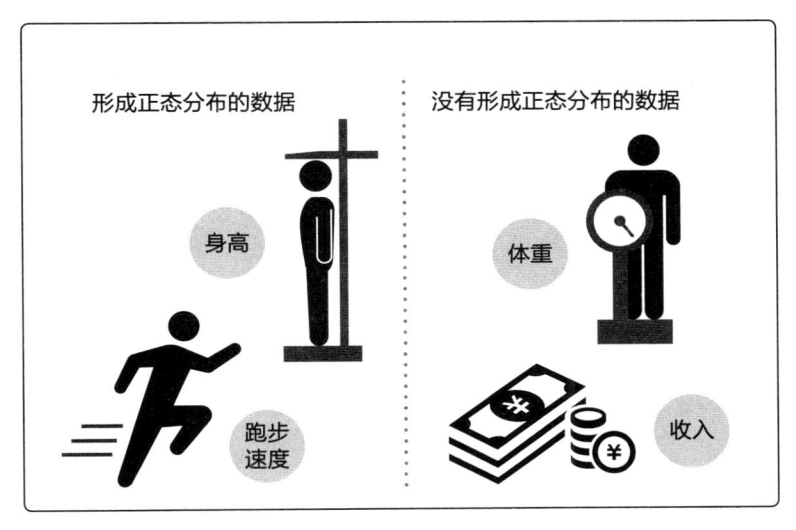

图 3-2

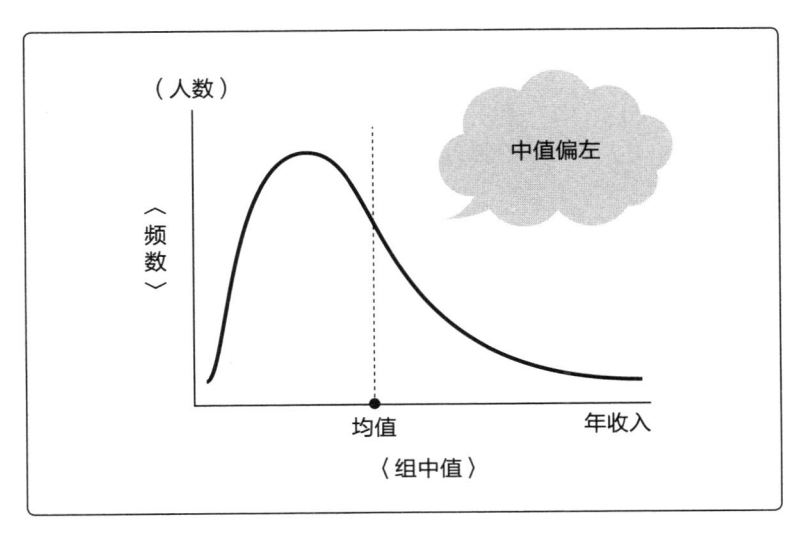

图 3-3

"均值"和"方差"为什么重要

观察正态分布时,关键在于"均值"和"方差"。尤其是"标准差",只要找到了决定分布路径的"标准差",就能更加简单易懂地理解正态分布。

因为无论均值是多少,无论标准差的值是多少,只要呈现正态分布,就全都具备相同的性质。

请看图 3-4。

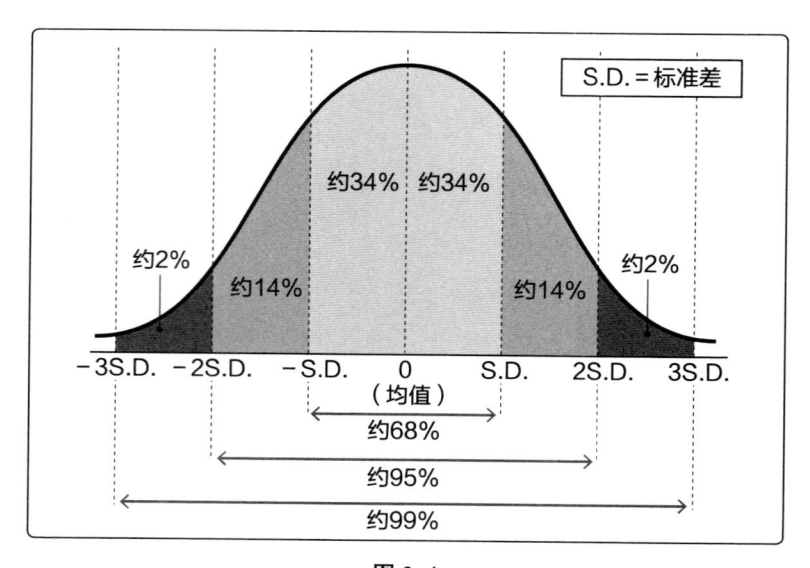

图 3-4

图 3-4 已经呈现所有内容，让我来为还没看明白的人解释一下吧。

看到呈现正态分布的数据时，我希望大家注意观察"一项数据位于与均值相差多少个标准差的范围内？"

实际上，正态分布的特征如下：

- 均值 ±1 个标准差的范围内包含约 68% 的数据；
- 均值 ±2 个标准差的范围内包含约 95% 的数据；
- 均值 ±3 个标准差的范围内包含约 99% 的数据。

为什么说这项性质能让正态分布"简单易懂"呢？

请大家代入具体数值进行思考。

这里有 20 岁男性的身高数据，假设数据呈现正态分布，均值为 170cm，标准差为 5cm，画出的图如图 3-5 所示。

根据正态分布的性质解读图表，可以看出：

- 约 68% 的数据属于 165~175cm 的范围；

- 约 95% 的数据属于 160~180cm 的范围；
- 约 99% 的数据属于 155~185cm 的范围。

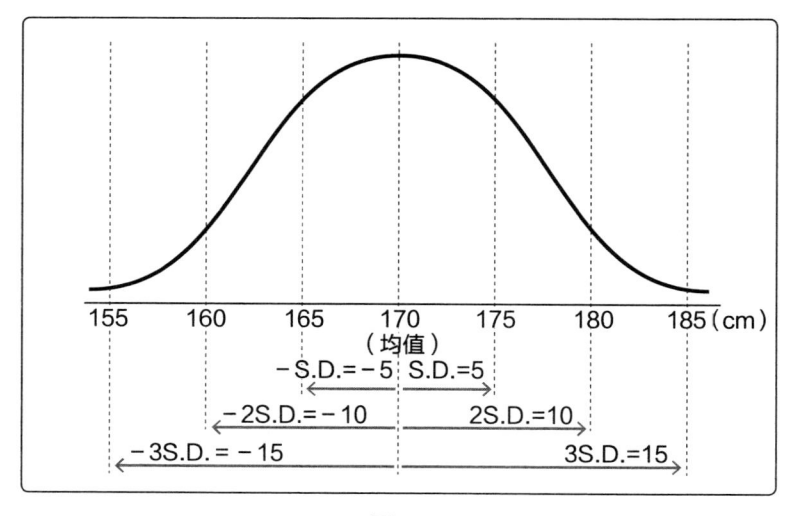

图 3-5

另外，既然详细的范围已经确定，就可以做出以下解读。

（1）身高 183cm 的人属于从高到低约 2% 的范围内。

身高 183cm 的人属于 180~185cm 的组距内。由于从图 3-4 可知属于这部分的人占整体约 2%，因此可以说"他们属于从高到低约 2% 的范围内"。

（2）身高超过175cm的人大约占整体的16%。

根据图3-5可以看出，身高超过175cm的人需要从3S.D.（170~185cm）中减去S.D.（170~175cm）范围内的人。根据图3-4可以看出，符合这个条件的人大约有16%。

了解数据整体的数量后，还可以得知175~180cm范围内的人数。

正态分布的性质已经在相当深入的程度上得到了证明。

正因如此，只要知道一组数据"符合正态分布的条件"，就能轻而易举地利用它的分布方式进行各种计算、分析，既实用又便捷。

高斯证明的"标准正态分布"

什么是"误差"

第一个证明"正态分布"观测值误差情况的人是德国数学

家高斯。

高斯堪称全能型天才，他生活于 18 世纪到 19 世纪，除数学以外，他在物理学和天文学领域也取得了伟大的功绩。为了对这位天才表达敬意，德国甚至曾在面值 10 马克的纸币上印上了正态分布密度曲线（如图 3-6 所示）。

图 3-6

当时高斯为了赚取生活费而担任天文台馆长一职，他的工作是用望远镜观测星星，测定星星的位置与距离。

他注意到测量数值无论如何都没办法精确吻合，总是存在误差。于是高斯就根据"误差"的研究结果，推导出了伟大的

"正态分布"。

为什么关注"误差"如此重要呢?

思考"误差"时,以射击为例比较容易理解。

恐怕很少有人有射击的经验,不过请大家想一想射击时面对靶子的场景。

靶子是简单的圆形,子弹射中后会射穿靶子。射中靶子的中心部分能得到高分,距离靶心越远分数越低。

每个射击的人当然都会瞄准靶心。

可是,无论射 10 发子弹还是 20 发子弹,无论多么优秀的射手,都不可能让所有子弹分毫不差地射中同一个位置。子弹的弹道总会有少许偏差。

这个偏差就是"误差"。

产生偏差的原因有以下几点。

- 或许因为枪太重导致手臂颤抖;

- 或许受到风的影响；
- 或许因为某种情绪波动导致手抖。

虽然没办法预测，不过可以想象，产生偏差与各种各样的因素有关。

另外，会产生多大程度的偏差还与射击者的水平有关。

如果不擅长射击的人，不但射不中靶心，甚至可能脱靶。

那么擅长射击的人又会如何呢？

如前文所述，几发子弹几乎不可能分毫不差地射中同一位置。但就算子弹会有些许偏差，擅长射击的人射出的子弹通常会集中在中心区域。或许偶尔出现偏差较大的情况，不过次数会低于射中中心区域的次数，大部分子弹会集中在靶子的中心区域。

当有好几发子弹射中靶子时，如果用圆点表示射中的部分，大体情况如图 3-7 所示。

圆点集中在靶子的中心区域，但因为会出现误差，所以不会集中在一个点上。无数圆点集中在中心区域，相互重叠，使得靶子的中心好像存在空洞一样。另一方面，偏离靶子中心的部分只分散着几个零星的圆点。

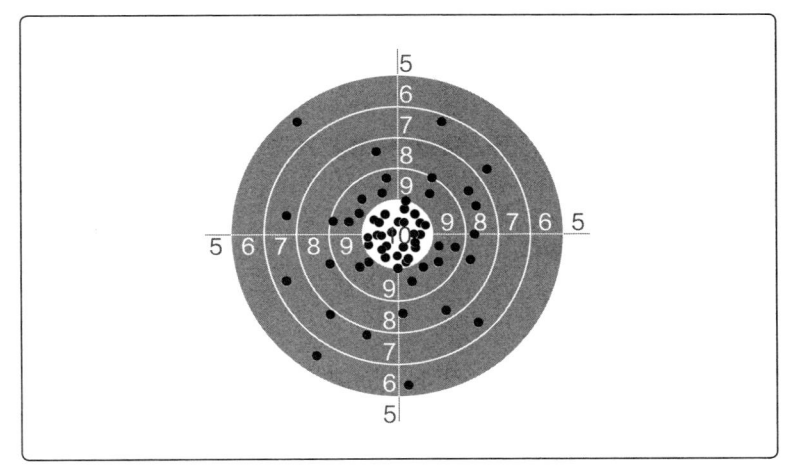

图 3-7

因为存在误差，所以就算是圆点相对集中的部分，也不会成为一个点，而是射穿了好几个位置。

我们从数学的角度横向或纵向观察存在误差的图，并且绘制切面图进行分析，将无数发子弹的轨道数据绘制成直方图，最终的结果如图 3-8 所示。

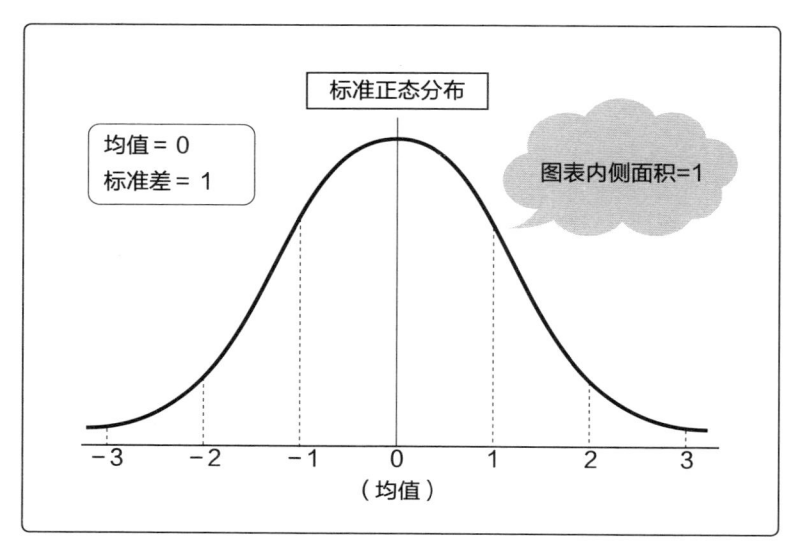

[图 3-8：标准正态分布曲线，均值 = 0，标准差 = 1，图表内侧面积 = 1，横轴从 -3 到 3]

图 3-8

这就是"标准正态分布"的图表。

大家不需要思考如何从数学角度观察来画出这样的直方图，高斯已经替我们认真证明过了。因为用初高中水平的数学知识很难理解证明过程，所以大家只需要相信"事实如此"就好。

顺带一提，世界上的众多数学家已经证明过高斯的正确性，所以请大家放心。

为什么"标准正态分布"是特殊的

通过分析误差，数学家成功导出了"标准正态分布"。

"标准正态分布"究竟是什么？一言以蔽之，就是特殊的分布。说得详细些，就是"均值为 0，标准差为 1 的正态分布"。

用更专业的数学语言来解释就是，标准正态分布的频数可以通过图表内侧的面积求出。这个公式非常美丽，即

$$f(x)=\frac{1}{\sqrt{2\pi}}\exp(-\frac{x^2}{2})$$

理解这个公式本来就很难，所以大家不要做无谓的努力了，也不需要记住，只要知道有公式可以表示标准正态分布就好了。

标准正态分布中的频数，也就是图表的面积已经计算好，精确到小数点后两位，继而被总结成了"标准正态分布表"（standard normal distribution），如表 3-1 所示。

表 3-1

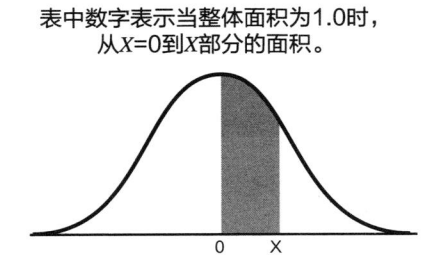

表中数字表示当整体面积为1.0时，从$X=0$到X部分的面积。

比如：当$X=1.00$时，对应的数字为".3413"，说明阴影部分的面积占整体面积的34.13%。

X	0	0.01	0.02	0.03	0.04	0.05	0.06	0.07	0.08	0.09
0.0	.0000	.0040	.0080	.0120	.0160	.0199	.0239	.0279	.0319	.0359
0.1	.0398	.0438	.0478	.0517	.0557	.0596	.0636	.0675	.0714	.0753
0.2	.0793	.0832	.0871	.0910	.0948	.0987	.1026	.1064	.1103	.1141
0.3	.1179	.1217	.1255	.1293	.1331	.1368	.1406	.1443	.1480	.1517
0.4	.1554	.1591	.1628	.1664	.1700	.1736	.1772	.1808	.1844	.1879
0.5	.1915	.1950	.1985	.2019	.2054	.2088	.2123	.2157	.2190	.2224
0.6	.2257	.2291	.2324	.2357	.2389	.2422	.2454	.2486	.2517	.2549
0.7	.2580	.2611	.2642	.2673	.2704	.2734	.2764	.2794	.2823	.2852
0.8	.2881	.2910	.2939	.2967	.2995	.3023	.3051	.3078	.3106	.3133
0.9	.3159	.3186	.3212	.3238	.3264	.3289	.3315	.3340	.3365	.3389
1.0	.3413	.3438	.3461	.3485	.3508	.3531	.3554	.3577	.3599	.3621
1.1	.3643	.3665	.3686	.3708	.3729	.3749	.3770	.3790	.3810	.3830
1.2	.3849	.3869	.3888	.3907	.3925	.3944	.3962	.3980	.3997	.4015
1.3	.4032	.4049	.4066	.4082	.4099	.4115	.4131	.4147	.4162	.4177
1.4	.4192	.4207	.4222	.4236	.4251	.4265	.4279	.4292	.4306	.4319
1.5	.4332	.4345	.4357	.4370	.4382	.4394	.4406	.4418	.4429	.4441
1.6	.4452	.4463	.4474	.4484	.4495	.4505	.4515	.4525	.4535	.4545
1.7	.4554	.4564	.4573	.4582	.4591	.4599	.4608	.4616	.4625	.4633
1.8	.4641	.4649	.4656	.4664	.4671	.4678	.4686	.4693	.4699	.4706
1.9	.4713	.4719	.4726	.4732	.4738	.4744	.4750	.4756	.4761	.4767
2.0	.4772	.4778	.4783	.4788	.4793	.4798	.4803	.4808	.4812	.4817
2.1	.4821	.4826	.4830	.4834	.4838	.4842	.4846	.4850	.4854	.4857
2.2	.4861	.4864	.4868	.4871	.4875	.4878	.4881	.4884	.4887	.4890
2.3	.4893	.4896	.4898	.4901	.4904	.4906	.4909	.4911	.4913	.4916
2.4	.4918	.4920	.4922	.4925	.4927	.4929	.4931	.4932	.4934	.4936
2.5	.4938	.4940	.4941	.4943	.4945	.4946	.4948	.4949	.4951	.4952
4.7	.49999	.49999	.49999	.49999	.49999	.49999	.49999	.49999	.49999	.49999
4.8	.49999	.49999	.49999	.49999	.49999	.49999	.49999	.49999	.49999	.49999
4.9	.499995	.499995	.499995	.499995	.499995	.499995	.499995	.499995	.499995	.499995
5.0	.499997									

引用文献：成实清松，坂井忠次. 数理统计学概要 [M]. 倍风馆，1953.
参考网址：https://www.koka.ac.jp/morigiwa/sjs/standard_normal_distribution.htm

所以大家没必要特意使用公式进行计算。

表 3–1 是标准正态分布表的一部分，实际上这张表有三种形式。

说到这三种形式表格的差异，就是根据表格能够得到不同部分的图表面积，不过基本上使用任何一种标准正态分布表都可以。

解读标准正态分布图时需要一些技巧。

我将表 3–1 中的一部分放大，尝试用表 3–2 中所示为大家加以解释。

举例来说，当"$X=0.34$"时，得到的数字是表中的纵轴"0.3"和横轴"0.04"交汇部分的数值，也就是"0.1331"。

这个数字表示图标中从均值到 X 的面积占整体面积的"13.31%"。

还有一种相反的观察方式。

当我们想要知道"面积占整体的 20% 时 X 为多少"时，可以在表中寻找最接近 0.2000 的数值，于是可以看到"0.1985"符合条件。这个数值的左边和上面分别对应"0.5"和"0.02"，由此可知"$X=0.52$"。

表 3–2

X	0	0.01	0.02	0.03	0.04	0.05	0.06
0.0	.0000	.0040	.0080	.0120	.0160	.0199	.0239
0.1	.0398	.0438	.0478	.0517	.0557	.0596	.0636
0.2	.0793	.0832	.0871	.0910	.0948	.0987	.1026
0.3	.1179	.1217	.1255	.1293	.1331	.1368	.1406
0.4	.1554	.1591	.1628	.1664	.1700	.1736	.1772
0.5	.1915	.1950	.1985	.2019	.2054	.2088	.2123
0.6	.2257	.2291	.2324	.2357	.2389	.2422	.2454
0.7	.2580	.2611	.2642	.2673	.2704	.2734	.2764
0.8	.2881	.2910	.2939	.2967	.2995	.3023	.3051

不过在此阶段，我们还不需要考虑利用"标准正态分布表"进行某种统计学方面的计算。

大家需要知道的是，标准正态分布是均值 =0，标准差（S.D.）=1 的正态分布，它的频率是已经确定的。

这意味着什么？

当我们针对某种现象收集数据时，如果得知数据分布符合标准正态分布的条件，此时再进行统计学分析就会变得简单许多。

将数据"正态化"

可是，世界上并非到处都是恰好符合标准正态分布条件的情况。

如果没有符合条件的数据，无论标准正态分布的计算多么简便，都没办法派上用场，不是吗？

错，它能派上大用场！

只是为了让它发挥作用，还需要经过一个步骤，那就是"正态化"。

什么是"正态化"？这个词有什么含义？

大家或许会好奇，但是不需要考虑那么多事情。

将符合正态分布的数据进行"正态化"是统计学的第一步,也是统计学的基础。

那么,该如何进行"正态化"呢?

方法很简单,只需要将数据套入以下公式就好。

当数据 X 符合正态分布时,经过以下公式计算,将 X 转换为 Y。

$$Y = \frac{X - X\text{的均值}}{X\text{的 S.D.}}$$

这就是"正态化"。

为什么这个公式可以完成"正态化"呢?

我说过很多遍,大家不需要考虑困难的问题。

幸运的是,无数聪明的学者已经帮我们证明过了。从数学角度出发,理解证明过程非常有趣,但这对于普通人来说确实很难。

对此你也不必纠结，只要知道"事实如此"就好。

那么，问题又来了，为什么需要对数据进行"正态化"呢？

明白这一点很重要。

前文中已有说明，当我们针对某种现象收集数据时，数据的分布是离散的。

当我们收集到多个数据时，就算所有数据都符合正态分布的条件，但因为每项数据的"均值"和"标准差"各不相同，所以画出的图表形状会产生差异。

但是，无论什么样的数据分布，既然符合正态分布的条件，就能够通过"正态化"找到相同的特征，能够转化成形状相似的图表。

将正态分布的数据 X 进行"正态化"，转换为数据 Y 后，数据分布都具备"均值 =0，S.D.（标准差）=1"的特征。

无论什么样的数据，经过"正态化"后都能转换为符合上述条件的数据。

大家有没有觉得这个条件很熟悉？

没错，它们与"标准正态分布"的特征一致。

也就是说，当数据符合正态分布的条件时，通过"正态化"，能够将数据转换为拥有"标准正态分布"特征的数据。

通过进行"正态化"，可以更简便地理解数据。

因此，标准正态分布备受重视。

当然，或许有读者完全不明白"正态化"是如何发挥作用的。这里我准备了一道题目（例题 3-1），请大家参考图 3-9 务必尝试解答一下。

例题 3-1

已知某个班级进行的一场考试结果符合正态分布的条件，平均分为 76 分，标准差为 12。请问，得分超过 85 分的人占班级人数的百分比是多少？

各种形状的正态分布

通过"正态化"……

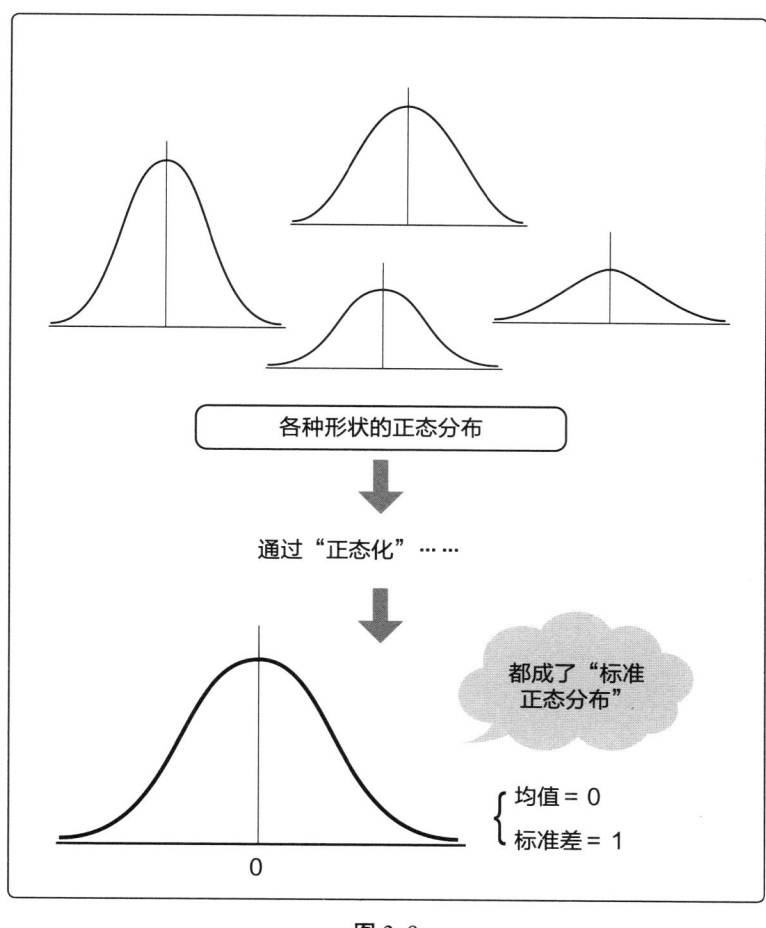

都成了"标准正态分布"

均值 = 0
标准差 = 1

图 3–9

在思考如何解题之前，让我们暂且根据之前学到的知识，看看能够做到哪一步吧。

需要做的事情是"正态化",公式为

$$Y = \frac{X - X\text{的均值}}{X\text{的S.D.}}$$

在这道例题中,X 的值为 85,因此可得

$$Y = \frac{85 - \text{均值}76}{\text{S.D.}12} = 0.75$$

所以,Y 为 0.75。

接下来,只要在"标准正态分布表"中找到对应数值就可以了。

请大家再看看表 3-2,发现数字 0.75 对应的是 0.2734。

现在,认为得分超过 85 分的人约占班级人数 27% 的读者,请稍等一下。

其实,表 3-2 所示的"标准正态分布表"显示的是图 3-10 中从均值 0 到 Y 之间的浅灰色阴影部分的面积。

也就是说，这并不符合这道题中需要求的数字。

解答例题 3-1 需要的是图 3-10 中 Z 的部分。

约27%

需要求的部分 Z

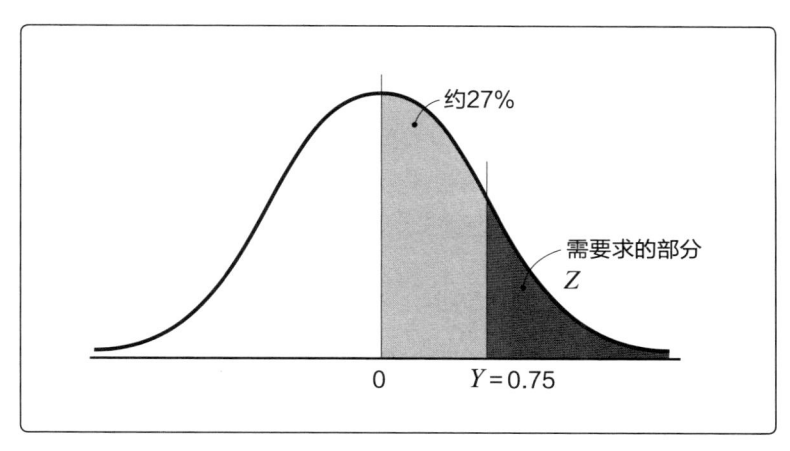

0　　Y = 0.75

图 3-10

这里还需要再进行一步计算。

标准正态分布图内的面积始终为 1，也就是 100%。

因为图形左右对称，所以右半边的面积为 50%，因此需要求的部分 Z 的面积为

$$Z = 50 - 27 = 23$$

也就是说，在这次考试中得分超过 85 分的人大约占班级人数的 23%。

顺带一提，解这道题时，如果用三种"标准正态分布表"中的另一种，就可以不经过最后一步计算也能立刻得出答案。

不过只要透彻地理解标准正态分布的性质，用任何一种表格都可以得出答案。

为什么正态分布让统计学变得轻松

统计学首先要建立"假设"

大家有没有理解正态分布、标准正态分布呢？

或许有些读者因为在学习公式和图表之后还要解题而感到有些疲惫了。

我已经大致介绍了正态分布的基础知识，所以现在想要稍稍转移一下话题。

前文多次用到了"如果收集到的数据符合正态分布的条件……"的说法，在统计学问题中，经常会出现"这组数据服从正态分布"的说法。"服从"是统计学中的专有名词，意思正是符合正态分布的条件。

所以，大家也许容易产生误解，其实在用统计学分析数据时，如果在明确均值与标准差的基础上，进一步证明一组数据是否符合正态分布的条件是相当困难的。

如果是统计学专家，确实能够在不了解分布情况的前提下进行统计学分析，但这需要极强的专业能力。

在初级阶段就理解其中的难处并不容易，即便是已经掌握了一定程度的统计学知识的人，也很难熟练地进行统计学分析。

正因如此，可以说在学习统计学时，应该先学习最简单易懂、用起来最方便的正态分布。

如果像身高、收入等已经被证明过是否符合正态分布的数据还好，但是当我们遇到不知道是否符合正态分布的数据时，首先大多会假设数据符合正态分布，然后开始分析。

假设数据符合正态分布，可以让计算变得轻松，让分析变得容易。

可是，在一部分情况下，也存在事后发现这种假设完全不符合事实的结果。

不过，学者们早已证明，当各种因素叠加时，数据的偶然性越高，越接近正态分布。因为只有正态分布才符合这个条件。因此可以说，假设数据符合正态分布，往往准确性更高。

与此同时，数据不符合正态分布同样是一种容易成立的假设。

顺带一提，经济、社会领域的统计数据大多不符合正态分布。

总而言之，对于想在商业中运用统计学的人来说，正态分布往往很难发挥作用。

如前文所述，有偏误的信息和数据在商业领域反而更有价值。

在商业领域,收集到的数据如果具有偶然性和巧合性,则很难作为参考,所以商业领域与正态分布当然不投缘。

相反,正态分布经常出现在自然科学领域中,这是因为影响自然现象的因素很多,而且大多与人类的意志无关。

另外,虽然用在了例题中,但其实考试成绩往往很难符合正态分布的条件。

如图 3-11 所示,考试成绩往往呈现有两个波峰的图表形状,这种情况被称为"两极化"。

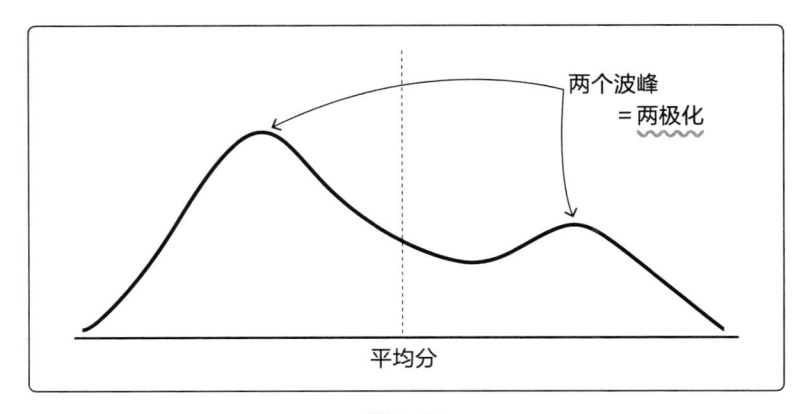

图 3-11

人们通常会把学生分为成绩好的和成绩不好的两类。

人们往往认为头脑聪明是天生的，遗传自父母，其实努力程度、学习方法及学习内容等后天因素的影响比人们想象的要大。

因此，学习成绩很难形成正态分布。

了解了统计学中的正态分布，大家看待世界的方法是否有了些许改变呢？

仅仅因为先天因素的影响更大或者后天因素的影响更大，数据的性质就会出现差异。

如果不了解统计学，恐怕没人会注意到这一点。

当你了解了统计学，今后在观察事物时，就能经常从"是否符合正态分布"的角度思考问题了。你也会因此变得更聪明一些。

第 4 章

二项分布

——这里有社会上的各种现象

什么是"二项分布"

二项分布是一种概率分布

现在,大家有没有稍稍了解一些统计学呢?

学过"分布之王"——正态分布之后,接下来我将为大家介绍"二项分布"。

为什么要提到"二项分布"呢?

这是因为"当某项条件成立时,二项分布与正态分布非常相似"。伟大的先贤已经为我们证明过了。

另外,二项分布同样是社会上各种现象中常见的分布形式。总之,对大家来说,很容易在生活中发现"原来这个现象也是二项分布啊"。

容易联想到实际现象的分布形式应该同样容易理解。

二项分布其实是一种"概率分布"。

那什么是"概率分布"呢？

大家不需要想得太复杂。如字面意义，概率分布就是概率的分布。

让我们重新查看第 2 章中出现过的图 2–4 所示的直方图。

为了方便理解，我在图中标注了每个组中值的频数，如图 4–1 所示。

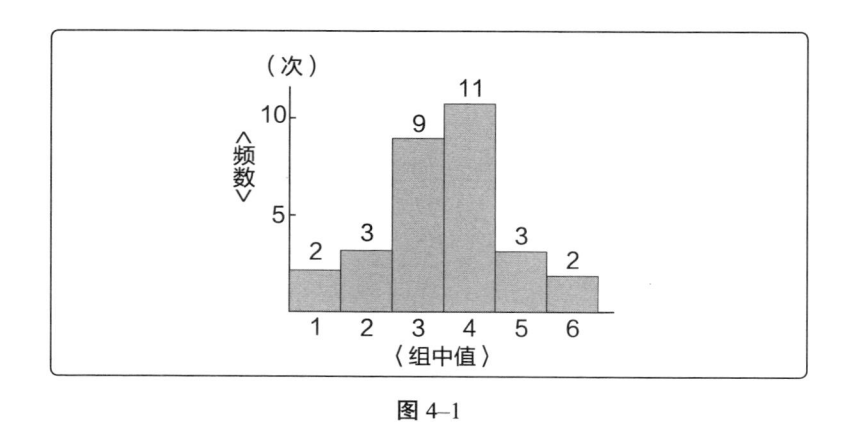

图 4–1

前文图 2–4 所示的直方图表示的是，掷 30 次骰子时每个数字出现的次数，因此纵轴表示"频数"。

如果将该直方图中的"频数"改成"概率",结果如图 4-2 所示。

每个组中值的频数变成了在全部次数(30 次)中出现的概率。只有数字发生了变化,而直方图本身的形状不变。

像这样不显示数据出现的"频数",而是用"概率"表示的分布,就叫作"概率分布"。

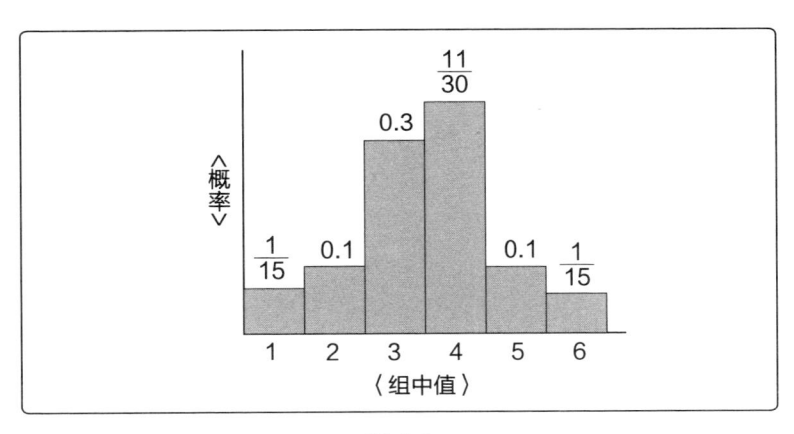

图 4-2

概率分布有两个特征,第一个是"有一个以上数据的出现概率大于 0",第二个是"所有数据的概率总和为 1"。

其中,更重要的概念是"所有数据的概率总和"。在概率分布中，如果数据出现遗漏则统计没有意义。

介绍概率分布时经常会用到骰子。

掷骰子时一定会出现 1~6 中的一个数字。

当然，前提是必须使用重量均匀、没有动过手脚、不会掷出特定数字的骰子。

这种情况下，数字 1~6 出现的概率如表 4-1 所示。

表 4-1

数字	1	2	3	4	5	6
概率	$\dfrac{1}{6}$	$\dfrac{1}{6}$	$\dfrac{1}{6}$	$\dfrac{1}{6}$	$\dfrac{1}{6}$	$\dfrac{1}{6}$

这张表格具备了概率分布的几个条件：

- 有一个以上的数据出现概率大于 0；
- 所有数据的概率总和为 1；
- 没有数据遗漏。

也就是说，这种情况就属于概率分布。

另外，因为二项分布也是概率分布的一种，所以如果无法满足以上三个条件，就不属于二项分布。

理解二项分布的前提是"组合"

简单来说，概率分布就是用概率表示直方图中的频数，而前文中已经提到，二项分布是一种概率分布。

那什么是二项分布呢？

下面我将为大家进行说明。复杂的解释放到后面，首先我想开门见山地为大家公布答案。

> **观点 4-1**
>
> 当数据符合二项分布时，假设成功概率为 p，失败概率为 $1-p$ 的试验发生 n 次，正好成功 k 次的概率可以用以下公式计算：
>
> $$P(X=k)=C_n^k p^k(1-p)^{n-k}$$
>
> 这就是二项分布的公式。

大家能否理解这个公式的含义呢？

其实，要想理解二项分布，前提是必须理解"组合"，就是二项分布定理式中"C_n^k"的部分。

"组合"是高中数学中学到的内容。或许很多人已经完全忘记了，或许有人对"C"符号还有印象，但具体内容是什么已经记不太清了。

下面我先为大家介绍"组合"。

请大家暂时忘记统计学，从现在开始短暂学习一下数学。

如果你非常擅长数学，已经完全理解组合，可以直接跳到下一节。

了解"组合"与"排列"

什么是"组合"

组合是指"从 n 个不同的事物中选择 r 个不同的事物进行

组合"。

"从 n 个中选择 r 个",可以用如图 4–3 所示的记号表示。

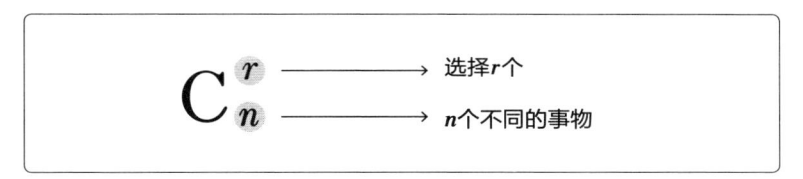

$$C_n^r \longrightarrow 选择 r 个$$
$$ \longrightarrow n 个不同的事物$$

图 4–3

如果只用语言说明并不好理解,那么让我们结合具体事例进行思考。

假设有五个人,分别给他们发放写有 1、2、3、4、5 的号码牌。如果要从这五个人中选择两个人进行组合,一共有几种方法?

"从五个人中选择两个人"可以参考图 4–3,表示为

$$C_5^2$$

如果"从五个人中选择三个人",则会变成

$$C_5^3$$

"C"的右下方要写上全体人数，右上方要写从全体中选择的人数。了解了记号的含义以后，让我们继续。

现在必须回答出这样的组合方法一共有几种。

是不是可以用最简单可靠的方法得出答案呢？那就是把所有组合方法都写出来。

因为只需要考虑从五个人中选择两个人就好，就算把所有组合方式都写出来也不用花太多功夫。

请大家不要觉得麻烦，一定要拿出纸笔写写试试。

有一件事很重要，那就是一定不能多写，也不能少写。

我们分别用五个人手里的号码牌表示每个人。

试试看能否写出图 4-4 的结果。

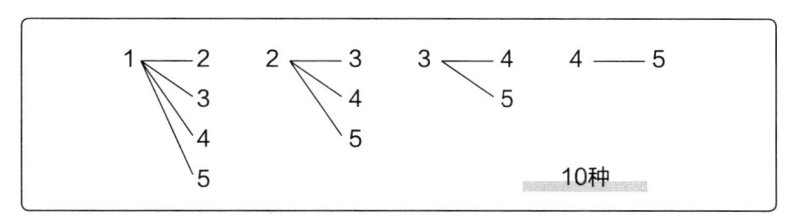

```
1 — 2      2 — 3      3 — 4      4 — 5
  \ 3        \ 4        \ 5
   \4         \5
    \5
                                10种
```

图 4-4

如图所示，答案是 10 种。

请大家检查一下有没有重复或遗漏的选择方法。

这种难度的问题还是比较容易理解的。窍门是根据选择的人数画出相应数量的方框，然后从小到大填入数字，如图 4-5 所示。

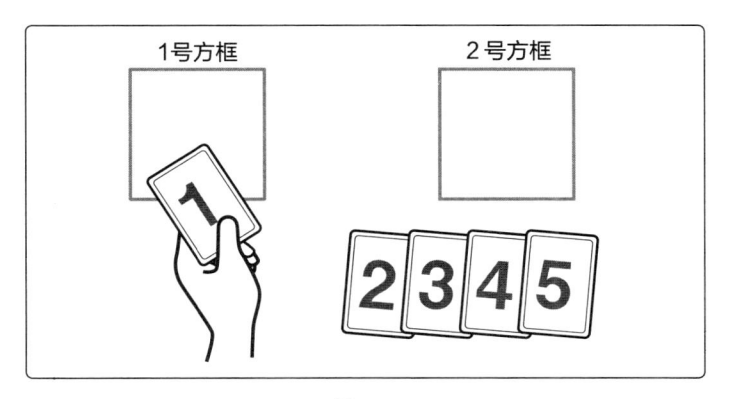

图 4-5

105

首先，在1号方框里填入"1"。

在这种情况下，2号方框里能够填入的数字有四个，分别是"2""3""4""5"。

接下来，在1号方框里填入"2"。

这时，我们不能在2号方框里填入"1"，只能填入"3""4""5"。

因为手里拿着1号号码牌的人与手里拿着2号号码牌的人已经组合过了，由此我们便得到了如图4-6所示的结果。

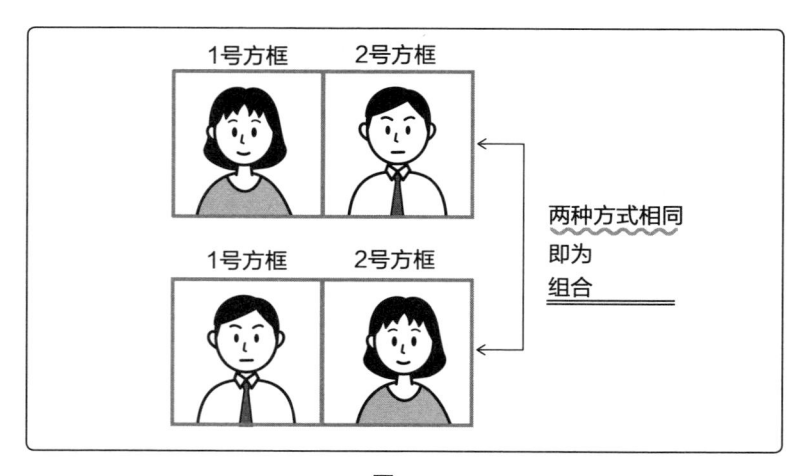

图4-6

同理，请大家思考 1 号方框中填入"3""4"的情况。

至于"5"，因为"1–5""2–5""3–5""4–5"这些所有包含"5"的组合已经出现过了，所以不需要考虑在 1 号方框里填入"5"的情况。

按照这种方式思考，就能写出图 4-4 中的所有组合。

什么是"排列"

理解了组合的思路之后，题目的答案也已经清楚，下面让我们改变一下题目中的条件。

同样是从五个人中选择两个人，不过被选中的人要从前到后排成一列。

如果从五个人中选择两个人排成一列，一共有几种排列方式？

和上一题的不同之处在于，这道题中必须考虑"排列方式"。

在组合中，"1–2"的组合方式与"2–1"的组合方式相同，是重复的方式，因此需要排除其中一种。

可是这道题不同，因为问题是有几种前后排列方式。

根据1号和2号哪个人排在前面，结果会发生改变，如图4–7所示。

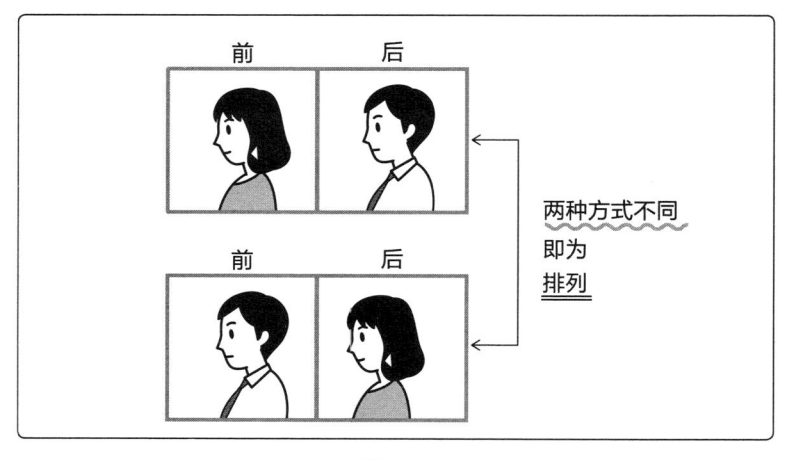

图 4–7

如图所示，"排列"是"从 n 个不同的事物中选择 r 个不同的事物排成一列"。

让我们尝试写出所有的排列方式吧（如图4–8所示）。

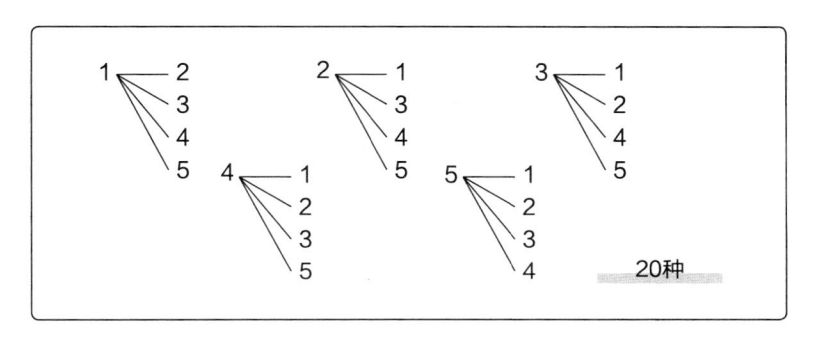

```
1 — 2        2 — 1        3 — 1
    3            3            2
    4            4            4
    5            5            5
        4 — 1        5 — 1
            2            2
            3            3
            5            4
                              20种
```

图 4–8

如图所示，有 20 种排列方式。

看到图 4–8 中写出的 20 种排列方式，大家有没有发现什么？

那就是首先要选择排在前面的人，然后再选择有可能排在后面的人。

举例来说，当 1 号排在前面时，可以排在后面的人有 2、3、4、5 四种可能。

接下来，无论排在前面的人是 2 号、3 号、4 号还是 5 号，即无论五个人中是谁排在前面，排在后面的人都有四种可能。

也就是说，解题思路如下：1、2、3、4、5号所有人都有可能排在前面，一共有五种排列方式。

接下来，无论谁站在前面，排在后面的人都有四种可能，如图 4-9 所示。

也就是说，从五个人中选择两个人排成一列，可以列出算式：

$$5 \times 4 = 20$$

即可算出一共有 20 种排列方式。

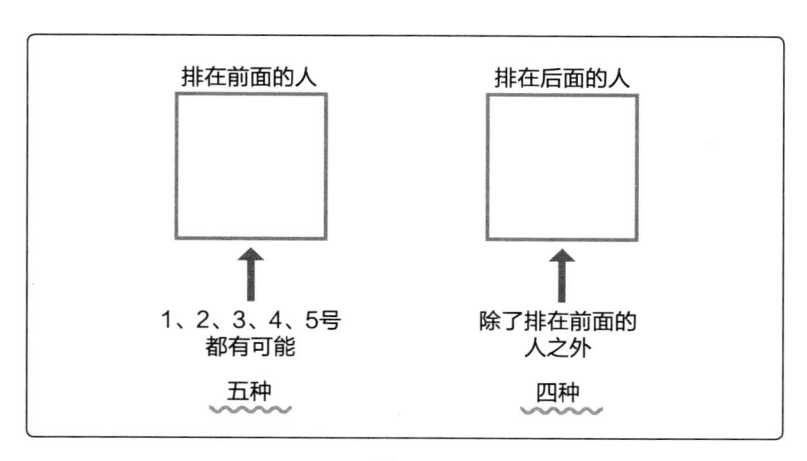

图 4-9

和刚才得到的数字相同，计算结果为 20，用这种方法同样可以得出答案。

由此可知，当从 n 个不同的事物中选择 r 个不同的事物排成一列时，排列方式可以通过以下公式进行计算，即

$$n \times (n-1) \times (n-2) \times \cdots\cdots (n-r+1)$$

从 n 个事物中选择 r 个进行排列时，排在第一位的有 n 种选择。

排在第二位的事物可以选择除了排在第一位之外的所有事物，也就是 $n-1$ 种。

同理可得，能够排在第三位的是除了排在第一位和第二位之外的所有事物，也就是 $n-2$ 种。

按照同样的方式一直排到 r，那么能够排在第 r 位的事物有几种呢？

用以上思路可以推出，有 $n-r+1$ 种。

所以得到了前面列出的公式。

在组合被视为"重复",在排列中被视为"不同"

大家理解"组合"和"排列"了吗?

理解不了的话就没办法继续往下学了。

其实,大家需要理解的是"二项分布",而"组合"与"排列"只是前提。

我想大家应该已经掌握了这两个概念,那么我们继续。

现在,我想再次拿出前面提到的问题。从五个人中选择两个人的"组合"问题,以及在同样条件下做选择并且"排列"的问题,答案如下:

$$组合 \to 10 种$$
$$排列 \to 20 种$$

从两个答案中可以看出,排列的种类是组合的两倍。

当然，产生差距的原因在于，在组合中是"重复"的选择方式，在排列中则成为"不同"的选择方式。

那么为什么差距是两倍呢？

从五个人中选择两个人进行组合时，"1–2"与"2–1"这两种组合方式是相同的。"1–3"和"3–1"是一样的，"4–5"和"5–4"也是一样的。

相反，排列则将以上各组视为不同的排列方式。

"1号"和"2号"根据排列顺序不同有两种排列方式，其他各组以此类推。所以，排列方式的种类是组合的两倍。

接下来，请大家尝试思考一下其他题目：

- 如果要从五个人中选择三个人，有几种排列方式？
- 如果要从五个人中选择三个人，有几种组合方式？

首先从排列开始看（如图 4–10 所示）。

从五个人中选择三个人进行排列时，可以当成"要在三个方框中填入数字"。能填入 1 号方框中的数字有五种，能填入 2 号方框中的是除了 1 号方框中的数字之外的四种，接下来能填入 3 号方框中的是尚未填入方框中的三种数字。

由此可知，排列方式有 60 种，可以列出算式：

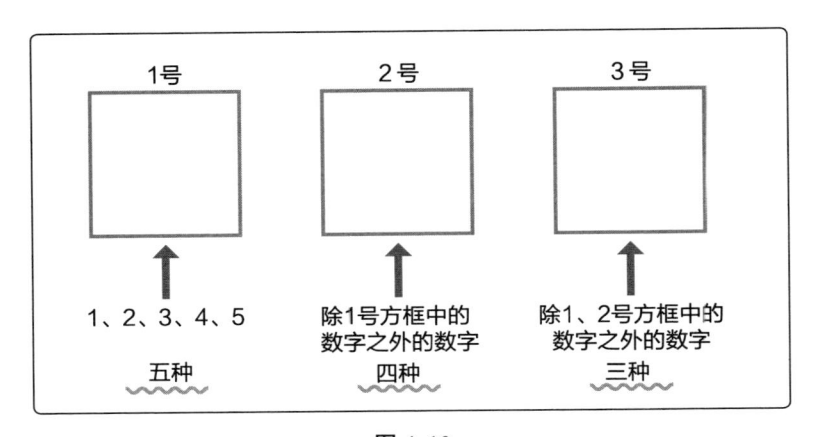

$$5 \times 4 \times 3 = 60$$

图 4-10

那么考虑组合时的思路是什么呢？

前文中已经说明，从 60 种排列方式中排除"重复"部分，剩下的就是组合的方式。

假设选择了"1、2、3"三个数字，那么排列方式有六种，分别是

$$1、2、3；1、3、2；2、1、3；$$
$$2、3、1；3、1、2；3、2、1。$$

如果是组合，则会将这六种排列方式当成一种。

选择三个数字时，每种选择会重复六次，可知组合方式一共有 10 种，即

$$60 \div 6 = 10$$

不需要记住公式也能解开数学题

前文中提到，我并不会背诵每一个数学公式，也并不打算背诵。从学生时代至今一直如此。

如果有具体的数字，那么只要以此为基础数数就好。

我不打算背诵公式，所以不会因为忘记公式而感到焦虑。

第 4 章 二项分布——这里有社会上的各种现象

115

也因为我没有背诵公式,所以遇到任何情况,都可以通过思考和书写得出答案。

没有比组合与排列更简单的问题了,不是吗?

我认为,将只需要数数就可以做到的工作特意总结成公式,通过背诵公式解题,这本身就是一种笨拙的思维方式。

记忆这种东西总会越来越模糊。如果每天反复练习则另当别论,可是一旦离开学校,就一定会忘记某个数学公式。为背诵公式所做的努力其实是无用功。

当然,像是从 100 个数字中选择 30 个这种选取数量很多的情况,要想不多不少地写出所有组合就很困难了。

不过只要像做例题时那样理解什么是排列、什么是组合,那么就算没有背诵公式,也没有写出所有组合方式,仍能推导出答案。

太多人认为"只有记住复杂的公式才能解题,忘记公式的话就得不到答案"。我感觉正是这种刻板印象,助长了社会上讨厌数学的风气。

另一方面，数学需要才能。没有才能的人就是不擅长数学。举例来说，虽然我们已经解答了多道组合问题，但还是有人会多写或漏写，那就说明这类人缺乏数学天赋（顺带一提，本书的编辑既多写了，也漏写了）。

数学天赋和运动神经一样，有的人就是发达，而有的人就是匮乏。虽然可以通过训练加以强化，但是达到某种强度之后，就要比拼天赋了。所以，本书不涉及过于复杂和困难的统计学问题。

我希望平时在生活中恐惧和逃避数字、数学、公式的人，也能努力理解接下来我要介绍的内容。

这本书明明是统计学教程，却用很大篇幅介绍了组合与排列，这样做是有原因的。

因为只要理解了组合与排列，在理解二项分布时就不会太辛苦。相反，如果没有理解组合与排列，就深入学习，则完全无法理解接下来的内容。

第4章 二项分布——这里有社会上的各种现象

我想已经详细地讲解过了，应该没有问题。希望讨厌数学的人能静下心来继续往下读。

接下来，我们要离开高等数学的世界，回归统计学的世界了。

用骰子理解二项分布

什么是"伯努利试验"

下面让我们回到本章的正题——二项分布。

首先让我们复习一下。之前已经提到过，二项分布的计算公式为

$$P(X=k) = C_n^k p^k (1-p)^{n-k}$$

计算的是当成功概率为 p、失败概率为 $1-p$ 的试验发生 n 次时，正好成功 k 次的概率。

大家应该已经明白符号 C 表示的含义。

不过依然有很多地方还没有表达清楚，我会一一为大家解释。

首先，我要为大家介绍"伯努利试验"。伯努利试验是指只有两种结果的试验。举例来说：

- 扔硬币时会扔出正面或背面；
- 比赛有胜有负；
- 商品可以买或不买；
- 抽奖有可能抽中，也可能抽不中；
- 尝试有可能成功，也可能失败。

这些例子都可以称为伯努利试验。

掷骰子时，如果试分析"会掷出 1，还是掷出其他数字"的话，那么只会有两种结果，分别是"1"和"除 1 以外"，所以这就属于伯努利试验。

可是，如果要试分析"掷出的数字是几"，就不符合伯努利试验的条件，因为可能会出现六种结果（如图 4-11 所示）。

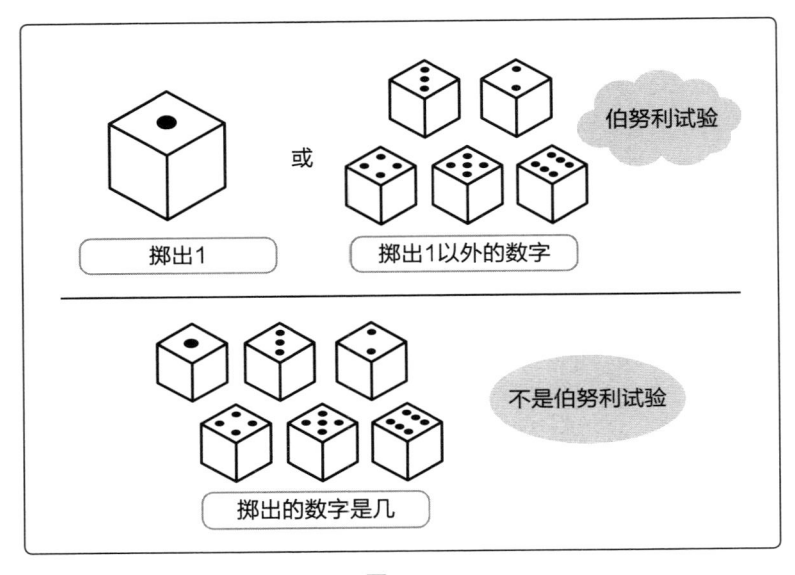

图 4-11

伯努利试验的两种结果中，一般有一种是"成功"，另一种是"失败"。

假设成功的概率为 p，那么失败的概率就是 $1-p$。

因为伯努利试验的结果只有两种，所有成功的概率与失败的概率之和为 1。

大家应该对"假设成功的概率为 p，那么失败的概率就是 $1-p$"这句话有印象吧。

请大家回想一下前文提到的二项分布定理式，它的前提条件中也有同样的话。

由此可知，二项分布是进行伯努利试验时的概率分布。

各种值的范围——"随机变量"

接下来，让我们稍稍看一看"随机变量"。随机变量表示发生某种现象时各种值的范围。

我这样说大家可能没办法理解，所以还是以骰子为例进行说明。掷骰子时会发生什么？

当然会掷出 1~6 中的某个数字。也就是说，"掷骰子"可能得到 1、2、3、4、5、6，有多个数值。

接下来，虽然我们知道会出现六个数字中的一个，但是只要不真正掷出骰子，就不知道实际上会出现哪个数字。

这时，骰子的随机变量 X 范围为 1~6。

一般情况下，我们用 X 表示随机变量，X 表示的不是一个数字，而是可能得到的所有值的范围。

另外，在掷骰子时，X 为 1~6 中任何一个值的概率都是 $\frac{1}{6}$。可以用以下等式表示为

$$P(X) = \frac{1}{6}$$

如果 X 的值为 1，出现的概率为

$$P(X=1) = \frac{1}{6}$$

最后，请大家注意这个等式，尤其是等式左边，大家有没有见过相似的等式？

想到的人或许已经翻书确认过了，没错，我们可以在二项分布的定理式中发现类似的标记，即

$$P(X=k)$$

这正是当随机变量 X 的值为 k 时，计算概率的公式。

到这里为止，大家应该能够理解二项分布定理式中出现的标记以及等式的含义了。

下面终于要开始详细介绍二项分布了。

用骰子解读二项分布

下面让我们继续深入了解二项分布。

我已经为大家介绍过复杂的定理式，不过请大家暂时将定理式放在一边。

不看定理式，那要做什么呢？之前多次帮助大家理解的骰子将再次派上用场。要想理解二项分布，最合适的工具就是骰子。

我已经介绍过二项分布是进行伯努利试验时，成功次数为 k 的概率。

不过这样大家或许还是无法理解，所以我将为大家进行说明。

假设掷了三次骰子。

掷出"1"时为成功，掷出其他数字为失败。也就是说，成功的概率是$\frac{1}{6}$，失败的概率是$\frac{5}{6}$。

那么，当掷了三次骰子后，成功的次数即掷出"1"的次数为 k 时，该如何求得成功的概率呢？

因为这是一个概率问题，所以首先需要知道的是整体总数。

总而言之，需要知道的是掷三次骰子时，包括成功和失败在内一共会出现几种情况。

掷骰子时每次会出现六种情况。第一次、第二次、第三次，每次掷出的数字都有六种可能。所以，掷三次骰子时会出现的情况，可以用以下等式计算，即

$$6 \times 6 \times 6 = 216$$

可知掷三次骰子时，一共会出现216种情况。

那么接下来要求的就是"成功的情况有几种"。

简单来说，掷出"1"的情况就是成功的情况，那么让我们试着将成功的情况分为以下几种：

① 只成功一次（$k=1$）；
② 成功两次（$k=2$）；
③ 三次全部成功（$k=3$）；
④ 全部不成功（$k=0$）。

可见出现"1"的情况能够分为四种类型。

在以上四种类型中，一次就能成功掷出"1"的有①②③这三种类型。

那么在这三种类型中掷出的数字分别是多少，分别有几种呢？

将掷出"1"的"成功"情况标记为○，掷出除"1"以外的"失败"情况标记为×，试着写出在①②③这三种类型中，分别会掷出什么样的数字（如图 4-12 所示）。

```
掷出1则标记○，掷出1以外的数字则标记×……

① 只成功一次（k = 1）        ② 成功两次（k = 2）
    ○ × ×                       ○ ○ ×
    × ○ ×                       ○ × ○
    × × ○                       × ○ ○

③ 三次全部成功（k = 3）       另外……
    ○ ○ ○                    ④ 全部不成功
                                （k = 0）
                                 × × ×
```

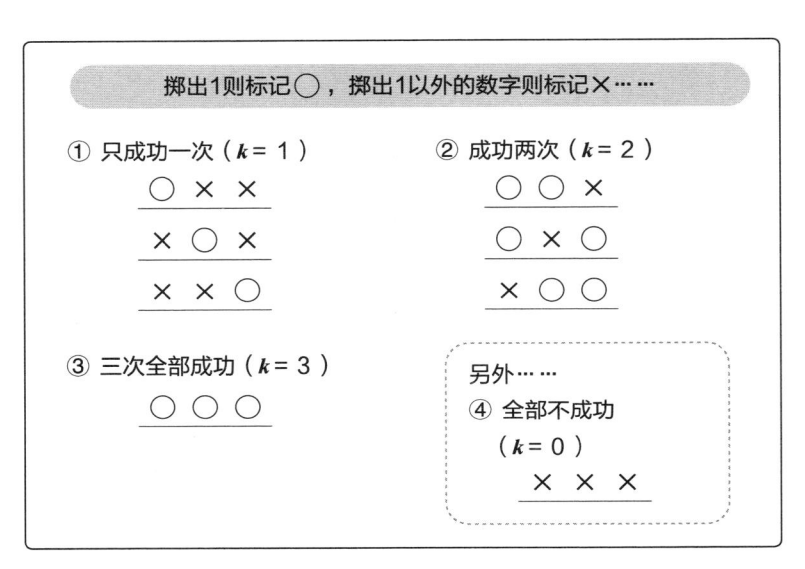

图 4-12

写出来后可以发现，成功的情况一共有七种。

不过这只是从"出现 1 或 1 以外的数字"的角度写出的情况。

接下来必须推算出各种情况下，分别有多少种数字排列方式。

简单来说，以第三种情况为例。第三种情况是"三次全部成功"，也就是三次都掷出"1"的情况，只有"1、1、1"这一种情况（如图 4–13 所示）。

③三次全部成功（$k=3$）的情况

第一次　第二次　第三次
　1　　　1　　　1

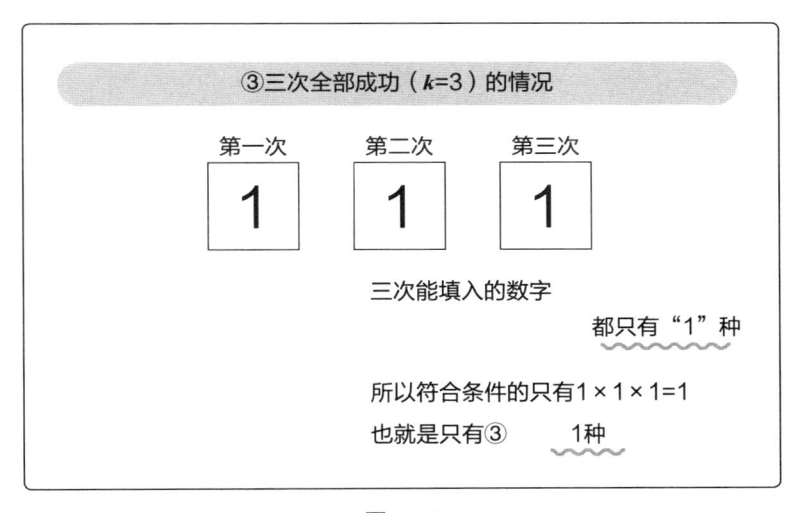

三次能填入的数字
　　　　　　　都只有"1"种

所以符合条件的只有 1×1×1=1
也就是只有③　　1种

图 4–13

接下来让我们看看①"只成功一次"的情况。

在这种情况下"1"只出现一次，剩下两次中可以出现"2、3、4、5、6"五个数字中的一个。

接下来，需要根据是在第一次、第二次还是第三次掷出

"1"，思考不同的情况。按照以下方式计算可知一共有 75 种排列方式（如图 4–14 所示），即

$$1 \times 5 \times 5 \times 3 = 75$$

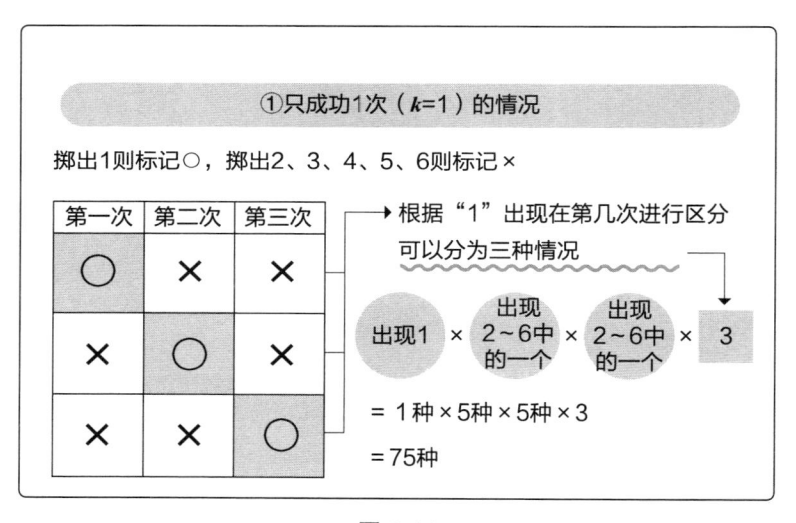

图 4–14

剩下的第②种情况，计算成功两次（$k=2$）时数字的排列方式的思路与第一种情况一样。"1"出现两次，剩下的一次出现"2、3、4、5、6"5 个数字中的一个。

另外还要区分"1 以外的数字"出现在第一次、第二次还是第三次。也就是说，根据以下等式计算出一共有 15 种组合

方式，即

$$1 \times 1 \times 5 \times 3 = 15$$

于是所有成功的情况都凑齐了：

$$① + ② + ③ = 75+15+1=91$$

可知成功掷出"1"的情况一共有 91 种，而掷三次骰子一共可能出现 216 种数字排列方式。由此可以得出，成功掷出"1"的概率是 $\frac{91}{216}$。

顺带一提，在掷三次骰子全都不成功的第④种情况中，由于三次都会出现 2~6 这五个数字中的一个，所以一共有 125 种数字排列方式，即

$$5 \times 5 \times 5 = 125$$

概率是 $\frac{125}{216}$。

理解二项分布的定理式

计算顺利结束后，请大家再次观察图 4-12。图中将是否掷出"1"分成了四种情况，用○和 × 来表示。

大家有没有发现，可以把这幅图视为"组合"？

① "只成功一次"的情况也就是"从三个中选择一个"；
② "成功两次"→"从三个中选择两个"；
③ "三次全部成功"→"从三个中选择三个"；
④ "全部不成功"→"三个中一个都不选（选择 0 个）"。

另外，在每种情况下选出的个数都与 k 值一致。

由此可知，根据从三个中选择 k 个组合成"C_3^k"，能够得知在①至④四种情况下掷出"1"的组合分别有几种（如图 4-15 所示）。

了解成功的情况有多少种之后，接下来要考虑的是成功的概率。

以 $k=1$ 为例，成功一次就是失败二次。因为一共要掷三次骰子，所以根据 3–1=2 可以算出失败的次数为 2。

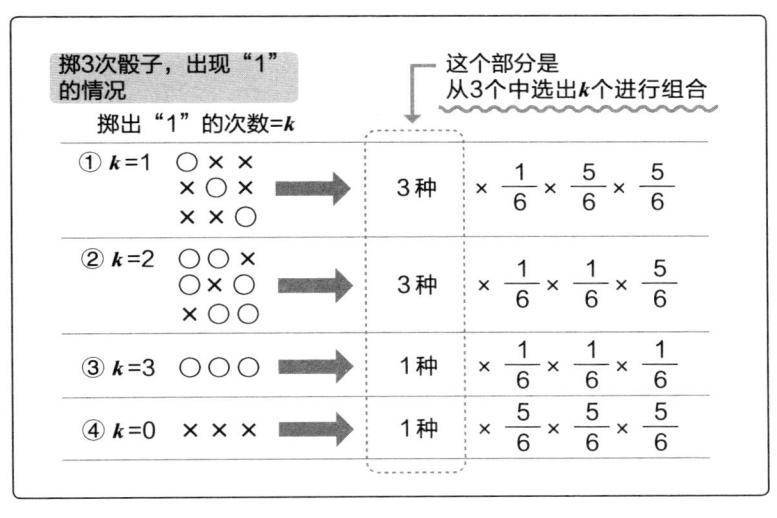

掷3次骰子，出现"1"的情况 掷出"1"的次数=k		这个部分是从3个中选出k个进行组合	
① $k=1$ ○×× ×○× ××○	→	3种	× $\frac{1}{6}$ × $\frac{5}{6}$ × $\frac{5}{6}$
② $k=2$ ○○× ○×○ ×○○	→	3种	× $\frac{1}{6}$ × $\frac{1}{6}$ × $\frac{5}{6}$
③ $k=3$ ○○○	→	1种	× $\frac{1}{6}$ × $\frac{1}{6}$ × $\frac{1}{6}$
④ $k=0$ ×××	→	1种	× $\frac{5}{6}$ × $\frac{5}{6}$ × $\frac{5}{6}$

图 4–15

如果成功两次，那么 3–2=1，失败的次数为 1。

这个问题就算不特意列出算式也可以理解，那么替换成以下情况又如何呢？

当掷 n 次骰子时，假设成功的次数为 k，这时失败的次数是多少呢？

只需要将数字换成字母，用同样的计算方式就好，即

失败的次数 =n–k

在上述题目中，因为已知 n=3，所以失败的次数为 3–k。

并且已知成功的概率为 $\frac{1}{6}$，失败的概率为 $\frac{5}{6}$。

在此基础上计算掷三次骰子时，三次中成功 k 次的概率如图 4–16 所示。

三次中成功 k 次的概率

$$= C_3^k \times \left(\frac{1}{6}\right)^k \times \left(\frac{5}{6}\right)^{3-k}$$

成功的概率 $\frac{1}{6}$ 需要乘以 k 次

失败的概率 $\frac{5}{6}$ 需要乘以（3–k）次

图 4–16

该公式乍一看有些复杂，其实只要按顺序逐一解读，就会明白它并没有多么麻烦。

接下来，我们要试着改变公式中的条件。

进行 n 次的成功概率为 p，失败概率为 $1-p$ 的试验，那么成功 k 次的概率是多少呢？

可以将以下内容放入图 4-16 中的公式中，即

$$C_3^k \rightarrow C_n^k$$

$$\frac{1}{6} \rightarrow p$$

$$\frac{5}{6} \rightarrow 1-p$$

代入公式后，可以得到二项分布的定理式，即

$$P(X=k) = C_n^k p^k (1-p)^{n-k}$$

另外，组合时从 n 个中选择 0 个，也就是一个都不选的情况下，只会出现"一个都不选"这一种结果。

将这种情况套入"三次中成功 k 次的概率"进行计算，因为 $k=0$，所以能够求出准确的概率，即

$$1 \times (\frac{5}{6})^3 = \frac{125}{216}$$

到这里，我已经将二项分布掰开揉碎地介绍给大家了。

越不擅长数学的人，看到公式越会感到头晕眼花，甚至思考停滞，大脑一片空白。

这种状态相当于高声宣布"我是笨蛋"！

其实，上文已经证明，就算不知道定理式，也能准确地解出二项分布问题的答案。只要在组合时不会多算、少算或错算就没问题。不需要使用文字公式，全部用数字即可。

可是因为数字越大，写出所有组合越麻烦，所以数学家倾向于使用文字公式。

总而言之，读到这里的人应该已经理解二项分布了。

理解二项分布后，就能看清世界上各种各样的谜团，这是一件非常有趣的事情。

不过要想做到这一点，我们还需要掌握更深层次的知识。

在下一章中，我将为大家介绍二项分布与正态分布的关系。

第 5 章

正态分布与二项分布

——两种重要分布的关系是什么

希望大家牢记"中心极限定理"

什么是"中心极限定理"

到现在为止,我已经在第 3 章和第 4 章分别为大家介绍了正态分布和二项分布。

在本章中,我将为大家解释正态分布和二项分布的关系。

为什么二者的关系很重要?因为只要理解了二者的关系,就能够理解类似收视率和投票站出口调查这种社会现象的原理。

我在开头已经说过,本书的目的就是用统计学解读这些事情的原理。因此,我将在本章为大家说明需要用到的最基础的知识。

为了说明正态分布与二项分布的关系,还有另一个大家必须知道的知识，那就是"中心极限定理"。可以说这是统计学中非常重要的定理之一。

但是，想要证明中心极限定理至少需要大学水平，只靠高中数学知识比较困难。

中心极限定理是学习统计学时非常基础的定理，但理解起来极为困难。

中心极限定理究竟是什么样的定理呢？

这里我将继续使用我们所熟悉的骰子进行说明，以帮助你理解。

假设我们掷了很多次骰子。

当然要选择质量均匀的骰子，掷出 1~6 任意一个数字的概率都是 $\frac{1}{6}$。

无论掷 100 次还是 200 次，统计学认为每掷一次骰子的动作都是独立行为，然后重复多次。这是因为第一次掷骰子与第二次掷骰子之间没有任何关系。

掷骰子时，第一次的结果对第二次的结果不会产生任何影响，而第二次和第三次、第三次和第四次之间同样如此。每次掷出任何一个数字的概率都是 $\frac{1}{6}$。

假设要掷 n 次骰子，就会将每次掷骰子的行为称为"相互独立的 n 个随机变量"。

这是中心极限定理能够成立的前提条件。

如果第一次掷骰子时出现了缺损，导致骰子重心位置偏移，那么接下来每个数字出现的概率将不再是 $\frac{1}{6}$。

因为第一次的结果会对第二次、第三次产生影响。

在这种情况下，掷出数字的结果并非相互独立，则不符合中心极限定理（如图 5-1 所示）。

骰子并不会轻易出现缺损，所以我们假设无论掷多少次骰子，每个数字出现的概率都是 $\frac{1}{6}$。

那么，当我们掷六次骰子时，"1"会出现几次？因为概率是 $\frac{1}{6}$，所以掷六次骰子的话会出现一次"1"。

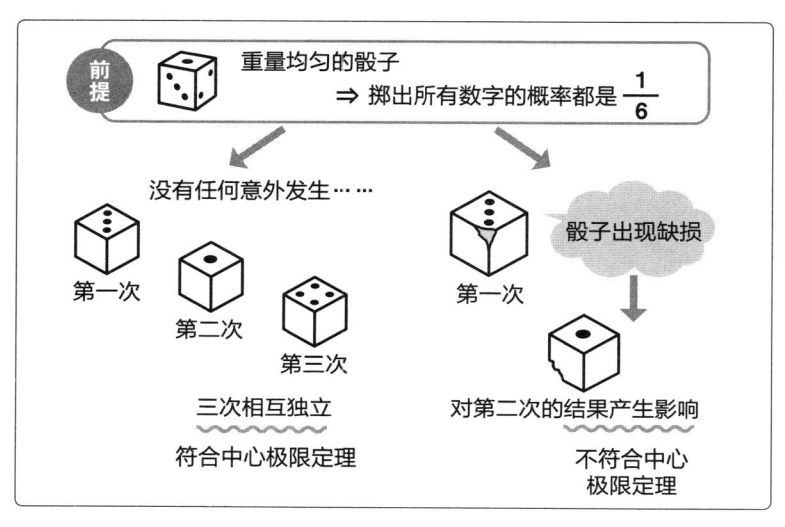

```
┌─────────────────────────────────────────────────┐
│  前提  🎲  重量均匀的骰子                        │
│           ⇒ 掷出所有数字的概率都是 1/6           │
│                                                  │
│       ↙                    ↘                     │
│  没有任何意外发生……      ☁ 骰子出现缺损          │
│                                                  │
│  🎲  🎲  🎲              🎲                      │
│ 第一次 第二次 第三次     第一次                   │
│                              ↓                   │
│                            🎲                    │
│   三次相互独立          对第二次的结果产生影响    │
│   ~~~~~~~~~~            ~~~~~~~~~~~~~~~         │
│   符合中心极限定理        不符合中心               │
│                           极限定理                │
└─────────────────────────────────────────────────┘
```

图 5–1

如果真的是这样就好了。事实上，情况并非如此的可能性更大，大家可以亲自尝试一下。

尽管所有数字出现的概率都是 $\frac{1}{6}$，但是当我们掷六次骰子时，并不是所有数字都会出现一次。

"1"很可能一次都没有出现，哪怕掷 10 次也有可能一次都不出现。

掷 20 次骰子一次都不出现"1"的概率确实很低，不过并不会因为 20 次的 $\frac{1}{6}$ 是 "3"，所以 "1" 出现的次数就是三次。

根据 "骰子重量均匀" 的性质考虑的话，掷出 "1" 的概率是 $\frac{1}{6}$，但若是统计实际上掷六次骰子时的数据进行计算的话，掷出 "1" 的次数并不一定符合 $\frac{1}{6}$ 的概率，也就是一次。

然而，当我们掷 1000 次骰子时，情况会发生改变。

只要骰子始终保持没有缺角、质量均匀，那么掷出 "1" 的概率就会不断接近 $\frac{1}{6}$，掷的次数越多就越会无限接近。

这就是 "中心极限定理"。

另外，我们已经知道，如果不断增加掷骰子的次数，那最终结果将接近正态分布。

下面让我们用数学的表现形式进行总结。

观点 5-1

中心极限定理：当存在相互独立的随机变量 X_1、X_2、X_3……、X_n 时，无论是什么样的概率分布，当 n 逐渐增大时，概率分布都会越来越接近正态分布。

中心极限定理是法国的数学家棣莫佛和拉普拉斯等人研究发现的，不过做出决定性贡献的还是前文提到的高斯。

正态分布被称为"分布之王"，也有这方面的原因。

正如我先前所说的那样，想要证明中心极限定理是很难的。

当然，先贤们已经完成了数学证明，我也能够理解其中的内容并整理成了科普文字，不过在本书中并不会呈现这部分内容。花费时间和篇幅来写这部分内容的意义并不大。

如果你对此的确很感兴趣，可以看一看其他涉及更专业内容的统计学书籍。在这本书中，我希望大家只要知道有这条定理就好。

中心极限定理同样有复杂的公式，不过就算写出来也意义不大，所以我选择从略。

大家只要粗略地理解中心极限定理的特征，即无论什么样的分布形式，次数越多都会越接近正态分布。这就够了。

另外，重要的是，根据中心极限定理，只要 n 的值足够大，二项分布也会逐渐接近正态分布。这也是拉普拉斯关注的问题。

中心极限定理与二项分布

举例来说，掷骰子时出现"1"的概率是 $\frac{1}{6}$，那么如果掷 10 000 次骰子，"1"会出现几次呢？

根据单纯的计算，应该是 10 000 次的 $\frac{1}{6}$，也就是 1670 次左右。

然而，如果真的去做掷 10 000 次骰子的试验，那么"1"出现的次数或许有时候是 1800 次，有时候是 1600 次。

可是，如果反复做掷 10 000 次骰子的试验，那么"1"平均出现 1670 次左右的结果最多。

这时可以画出图 5–2。

掷出1670次左右的情况最多

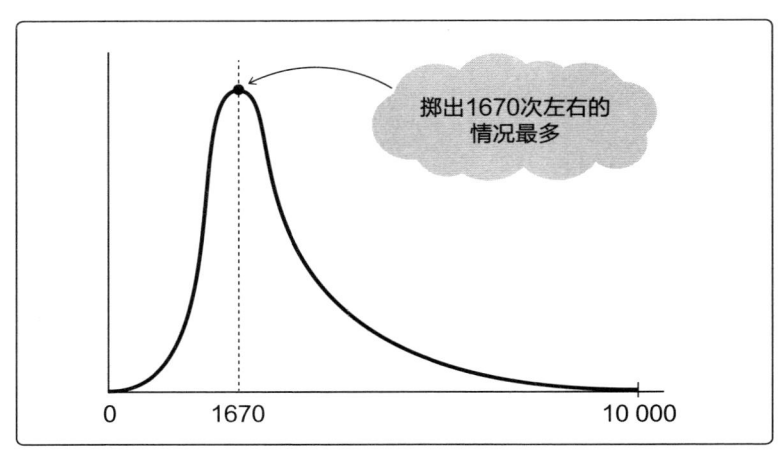

图 5–2

1670 次的结果出现最多，这是非常类似于正态分布的图形。

然而，尽管看起来非常相似，但二者并非完全相同。

正态分布的图形顶点为均值，从均值向正负两个方向延伸，并且左右对称。

二项分布的图形并不会向负方向过多延伸，而且图形的顶点稍稍偏左。

虽然并非绝对，不过当 n 逐渐增大时，图形会逐渐变得左右对称……这就是二项分布的图形特征。因此，认为二项分布与正态分布相同也不算错。过去的数学家们已经为我们证明了这一点。

用"三项数值"理解统计图表

二项分布的"均值"与"方差"

大家还记得正态分布具有什么样的特征吗?正态分布不可或缺的两项要素是什么?

答案是"均值"与"方差"。

另外,方差开平方之后就能得到"标准差"。

那么二项分布的"均值"与"方差"要如何计算呢?

首先是"均值",我们应该已经计算过很多次了。

"掷 600 次骰子时,'1'会出现几次?"看到这个题目,大家会如何回答?

因为出现"1"的概率是 $\frac{1}{6}$，所以大家应该能够根据 $600 \times \frac{1}{6} = 100$ 计算出答案是"100次左右"。

到这里为止都没有问题。总而言之，计算方法是

均值＝全部次数（数据量）×概率

在二项分布中，成功的概率为 p，失败的概率为 $1-p$。数据量为试验的次数，也就是 n 次。于是可以总结出简洁的公式，即

二项分布的均值 $=np$

接下来是"方差"。

我已经在很靠前的地方介绍了计算方差的方法，大家还记得吗？可以翻回到第2章再看看。

不过通过计算得出二项分布的方差很麻烦。尤其是当 n 足够大时，越接近正态分布越麻烦。

n 越来越大，也就是数据量不断增加时，无论是100、200

还是 10 000，都需要计算减法、平方、乘法、除法等，虽然不是做不到，但需要花费大量时间。

其实计算二项分布的方差有一种非常简单的方法，即

$$二项分布的方差 = np(1-p)$$

仅此而已。

计算方差原本是一件很麻烦的事情，不过在满足二项分布时，就能非常简单地计算出方差。

伯努利试验的次数越多，二项分布越接近均值为 np，方差为 $np(1-p)$ 的正态分布。

因此，在满足二项分布的情况下，试验的次数越多，越接近正态分布，所以可以根据这项特征预测均值与方差。

或许有人不理解，那么让我们尝试代入具体数值进行计算吧。

例题 5-1

假设掷 100 次骰子，出现"1"的概率为 $\frac{1}{6}$，求二项分布的均值与方差。

我已经说过很多次，掷骰子时掷出"1"还是"1 以外的数字"，其概率都符合二项分布。

而且 100 次的次数足够多，因此可以说这种情况下的二项分布会无限接近正态分布。

由此可得：

二项分布的均值 = np

$$= 100 \times \frac{1}{6}$$

$$= \frac{50}{3}$$

二项分布的方差 = $np(1-p)$

$$= 100 \times \frac{1}{6} \times \frac{5}{6}$$

$$= \frac{500}{36}$$

$$= \frac{125}{9}$$

均值大约为 16，方差大约为 14。

另外，方差值开平方之后大约为 3.8，这就是标准差。

正态分布的特征同样适用于二项分布

谈到均值、方差、标准差，只要满足正态分布，并且知道以上三个数值，就能立刻得知图形的形状。

当二项分布非常接近正态分布时，不仅图形与正态分布相似，就连性质也与正态分布相似。

正态分布为我们提供了极大便利，当数据满足正态分布时，只要知道均值、方差、标准差，就能画出图形。

原因在第 3 章已经做过解释。

我再重复一遍，正态分布拥有以下可贵的性质：

- 均值 ±1 个标准差的范围内包含约 68% 的数据；
- 均值 ±2 个标准差的范围内包含约 95% 的数据；
- 均值 ±3 个标准差的范围内包含约 99% 的数据。

无限接近正态分布的二项分布也拥有同样的性质。

这项性质在本书的后半部分中同样会多次出现，因此我希望大家能够充分理解。

在此基础上，让我们尝试以例题 5–1 中求得的数值为基础，想一想能够从数据中看出哪些信息。

为方便理解，我们假设有一个非常接近正态分布的二项分布，均值 =16，方差 =14，标准差 =3.8。

假设这个二项分布接近图 5–3 中所示的正态分布。

另外，这个二项分布自然满足有大约 68% 的数据在 "均值 ±1 个标准差" 的范围内的条件，即 "16±3.8" 的范围内，也就是 "12.2~19.8" 的范围内。

按照相同的计算方式，可以说 "8.4~23.6 的范围内包含大约 95% 的数据"和"4.6~27.4 的范围内包含大约 99% 的数据"。

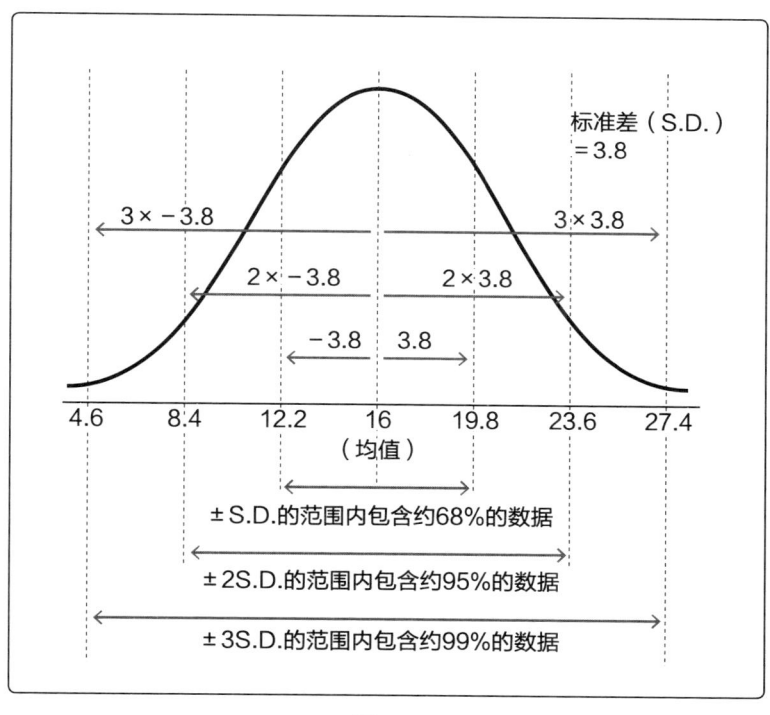

图 5-3

在符合二项分布的情况下，试验次数越多越接近正态分布，可以按照正态分布来处理，那么次数究竟应该增加到多少呢？

要根据具体情况和收集到的数据偏差来定，如果是方差相对较小的数据，比如"扔硬币出现正面还是反面"，据说只要重复 30 次，数据的和与均值就会接近正态分布。

大家是不是觉得比想象中要少？还是认为没想到要这么多次？

如果你认为"原来如此，和我想象的差不多"，那么你就是具备统计学思维的人。

到这里为止，本书关于"统计学基础"的内容已经全部介绍完毕。

如果从正规统计学这门学科的角度上来看，依然是一只脚刚刚入门的状态，不过这是"将统计学作为数学的一个分支领域"认真学习的情况。

对于非常不擅长数学、一看到公式就头疼的人来说，现在已经到达理解的极限了吧。

那么，可以说到这里为止已经足够了。

因为只要掌握了正态分布、二项分布、中心极限定理的知识，看待世界的方式就会发生改变。

更准确的说法是，你或许会发现以前看在眼里却没有注意到的事情。

在下一章中，我将为大家介绍本书开头提到的"收视率"与"投票站出口调查"的原理。

第 6 章

收视率、投票站出口调查的原理

——用统计学解释世界上的神奇之处

日本的家庭总数为 5800 万，
为什么用 1/8400 的样本量就能算出收视率

收视率真的准确吗

如今，似乎越来越多的人不看电视节目。年轻人已经习惯用智能手机随时浏览自己想看的内容。免费视频网站的发展蒸蒸日上，视频发布服务也不断出现。

随着视听习惯的改变，年轻人独居的房间里没有电视的情况并不少见。还有的父母不想让孩子看电视，所以有的家庭并没有电视机。

当然，电视行业已经不复往日荣光。收视率全面下降，广告收入减少，电视台的日子过得相当艰难。

正因如此，电视台和社会对节目的收视率非常敏感。

在电视剧播放的第二天，网上到处都是"收视率比上一周上升 0.8""本周收视率大幅下降 1%，只有 8.9%"之类的新闻，节目制作方或许比以往更关注收视率的增减情况。

观众也将收视率视为热度的重要标志。

近年来，电视节目的评论数同样成为衡量热度的一项固定指标。

不过收视率能够凭借数据清晰明了地告诉大家"看节目的人是多还是少"，简单易懂，自然也会受到大家的关注。

正如本书开头提到的那样，日本大约有 5800 万户家庭。收视率表示的是在这 5800 万户家庭中，有多少比例的家庭收看了某档节目。

但是，在调查收视率时，调查者只会收集 6900 户家庭作为样本，只占总家庭数的 1/8400。

只靠这么一点点样本数，能得到准确的收视率数据吗？

我在本书开头已经说过，会产生这种疑问的人基本都是不了解统计学的人，第一反应认为这些样本已经足够了的人才是了解统计学的人。

在阅读本书前，恐怕很多读者都属于前者吧。或许还有人带着下面这样的疑惑："是不是做了手脚？""是不是在徇私？"

读到这里，其实你已经学习了很多统计学的知识，想法应该已经变成"可以做到"才对。

随机果然很难

事实上，我们并不清楚公开的收视率是否公正。

举例来说，作为样本调查对象，家里安装了调查收视率的机器的家庭，说不定其实是某个电视台员工的家，他们会全年收看某个电视台的节目，那么这个家庭的收视率数据就会产生严重偏误。

当然，调查收视率的媒介研究公司为了避免样本结果出现偏误，通常会进行谨慎的调查。

可是，他们并不知道相关人员或机构会不会做什么手脚，我想应该很难避免完全没有偏误。

在统计学中，如何在采样时避免偏误非常重要。因为一旦数据出现偏误，统计学就将无计可施。

这是为什么呢？

因为中心极限定理的前提是采用相互独立的随机变量。相互独立指的是相互之间不存在关联。一旦数据之间存在某种关联，统计学就会失去作用（如图 6–1 所示）。

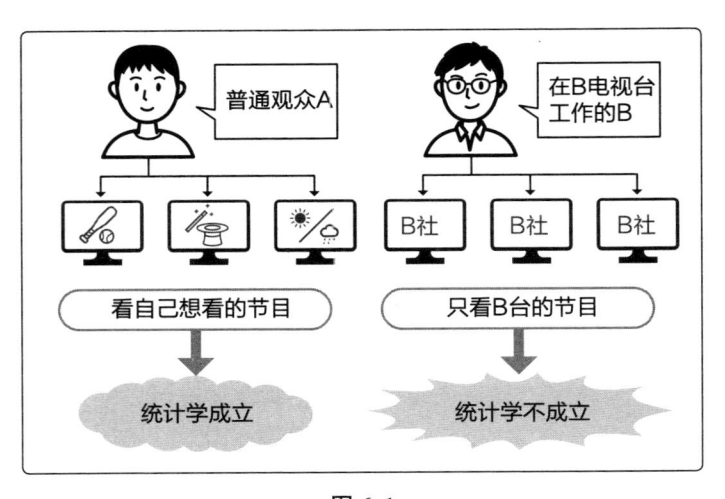

图 6–1

不得不说，要想具备满足中心极限定理的条件，做到完美地随机选择样本，在实际操作中本来就是相当困难的事情。

当然，只要进行全数调查，得出的收视率应该就是准确的。尽管样本中也有电视台员工的家庭，不过放在整体中可以当作不需要在意的偏误。

可是，现实中基本不会出现进行全面调查的情况。

这是理所当然的事，因为要花太多钱了。如果要用全面调查的方式调查收视率，所需的设备和人工费将是一笔巨款。

正因为做不到全面调查，那么为了尽可能节省费用，调查机构会在尽量避免出现偏误的前提下进行抽样调查。

收视率有 ±2% 的误差

收视率归根结底只是抽样调查。这意味着收视率调查的前提是与实际数值存在少许偏差。

总而言之，当媒介研究公司向公众发布"这档节目的收视率为 X%"的信息时，数值与实际收视率之间存在误差。

进行收视率调查的媒介研究公司也会言明结果存在样本误差。以关东地区为例，公布时的信息如下："在样本数为 900 的情况下，预计可信度为 95%，收视率为 10%，需考虑样本误差为 ±2%"。

这是什么意思呢？

换成大家熟悉的说法就是"当收视率为 10% 时，实际收视率有大约 95% 的概率在 8%~12% 之间"。

按照极端的说法，当某档节目的收视率为 10% 时，真正的收视率可能是 8%，也可能是 12%。

大家或许认为误差不过 ±2% 而已，可收视率一旦上升 1% 或下降 1%，往往就会在社会上引发热议。

但是，既然收视率本来就有 ±2% 的误差，那么 1% 左右的差距就不足挂齿了。

结果似乎并不准确，我们并不知道结果是不是存在误差

（如图 6-2 所示）。

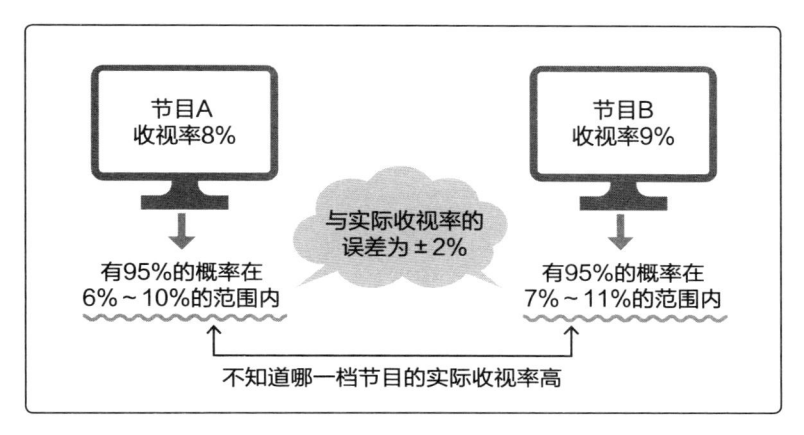

图 6-2

节目A 收视率8% → 有95%的概率在 6%~10%的范围内

节目B 收视率9% → 有95%的概率在 7%~11%的范围内

与实际收视率的误差为 ±2%

不知道哪一档节目的实际收视率高

收视率是用户"有没有看一档节目"的概率，符合二项分布。而且因为收集的数据有几千份，数据量足够大，所以结果非常接近正态分布。

假设无论收视率为百分之几，都存在 ±2% 的误差，那么当收视率为 8% 时，结果如图 6-3 所示。

让我们尝试在这张图上叠加收视率时为 9% 的图表，如图 6-4 所示。

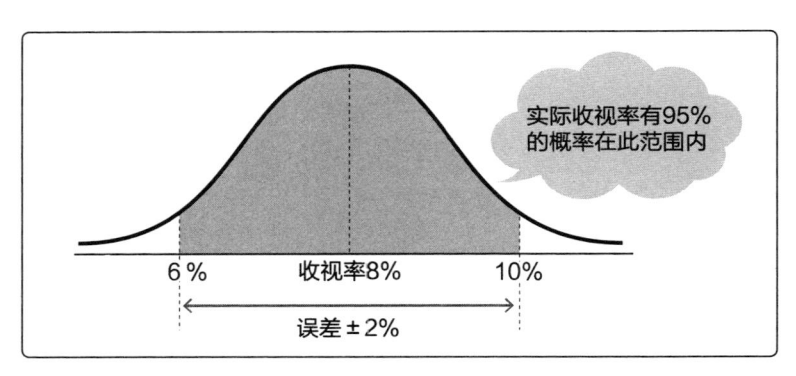

图 6-3

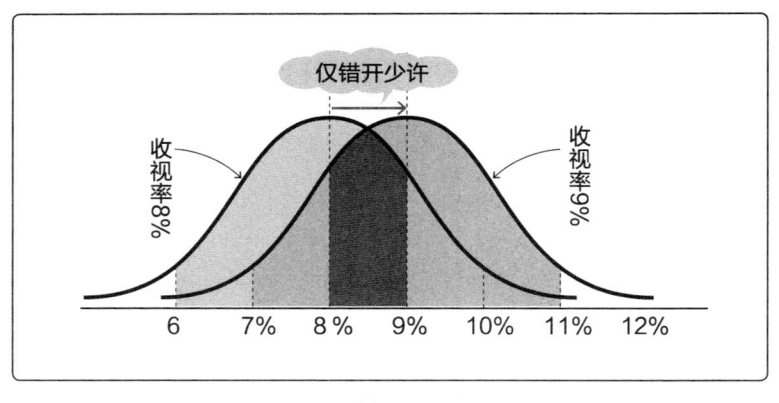

图 6-4

放在一起后可以清楚地看到，1%的收视率根本算不上什么差距。

收视率的"均值"与"方差"

我在本书的开头已经介绍过,关东地区大约有 1800 万户家庭,媒介研究公司会从中抽取 900 户家庭进行抽样调查来计算收视率。

从整体来看,样本数量很少,只有两万分之一,那么为什么要选择 900 户家庭呢?

既然只需要选择少量样本,那么不如缩减到 90 户家庭,还能再节约些费用。

之所以不这样做,是因为媒介研究公司判断就算需要花费一定程度的费用,要想计算出准确的收视率,也有必要收集 900 户家庭的样本。

这是为什么呢?接下来让我们试着验证一下。

正如前文所述,当数据符合无限接近正态分布的二项分布时,假设数据量为 n,成功概率为 p,那么均值与方差和正态分布相似,即

$$均值 = np$$
$$方差 = np(1-p)$$

将收视率数据套入以上公式时,则

$n=$ 参与样本调查的家庭数量
$p=$ 收看某档节目的概率(收视率)
$1-p=$ 没有收看某档节目的概率

只是如果要计算硬币的正反面或掷骰子时出现"1"的概率,只需要直接代入计算就好,但计算收视率时,需要求的是比例,是百分比。

可是上述均值和方差表示的是"有多少户家庭看了某档节目",无法计算出我们想知道的收视率。

要想计算收视率,还要进一步用均值和方差除以整体样本数,也就是除以 n(方差需要除以 n^2)。考虑到这一点,结果为

$$均值 = p$$
$$方差 = \frac{p(1-p)}{n}$$

二项分布除以 n 之后依然保持二项分布，而收视率与具有以上均值和方差的正态分布基本一致。

另外，如前文介绍的那样，为了方便计算，我们会使用方差值的平方。

刚才已经提到，为了统一数值单位，做除法时也要除以 n^2。

大家不需要深入考虑这个问题，我希望大家能够记住这一点。

为什么不能用 90 户家庭作为样本

收视率是无限接近正态分布的二项分布，均值与分散已经明确。

与此同时，这就意味着拥有相同均值与方差的正态分布的特征同样适用于收视率。

正态分布的特征如下：

- 均值 ±1 个标准差的范围内包含约 68% 的数据；
- 均值 ±2 个标准差的范围内包含约 95% 的数据；
- 均值 ±3 个标准差的范围内包含约 99% 的数据。

让我们试着将收视率的均值与方差套入这项法则。

- $p \pm \sqrt{\dfrac{p(1-p)}{n}}$ 的范围内包包含约 68% 的数据；
- $p \pm 2\sqrt{\dfrac{p(1-p)}{n}}$ 的范围内包含约 95% 的数据；
- $p \pm 3\sqrt{\dfrac{p(1-p)}{n}}$ 的范围内包含约 99% 的数据。

虽然看起来很像公式，其实因为标准差是方差的平方根，所以只是写出了标准差的值而已。

我想说的是，图中的内容与法则完全一致。

因为用记号和字母表示不容易理解，所以让我们尝试代入具体数值。

以媒介研究公司对关东地区的收视率调查为例，假设在 900 户家庭的样本调查中，收视率为 10%。

因为 $n=900$，$p=0.1$，所以在 $0.1\pm 2\sqrt{\dfrac{0.1\times 0.9}{900}}$ 的范围内包含整体的 95%。

试着计算一下。

$$\begin{aligned}
0.1\pm 2\sqrt{\dfrac{0.1\times 0.9}{900}} &= 0.1\pm 2\sqrt{\dfrac{0.09}{900}} \\
&= 0.1\pm 2\sqrt{0.0001} \\
&= 0.1\pm 2\times 0.01 \\
&= 0.1\pm 0.02
\end{aligned}$$

正如媒介研究公司所说，收视率的误差为 ±2%，也就是说当收视率为 10% 时，实际收视率有 95% 的概率在 8%~12%。

可是，如果样本数只有 90 户家庭，会出现什么情况呢？

$$\begin{aligned}
0.1\pm 2\sqrt{\dfrac{0.1\times 0.9}{90}} &= 0.1\pm 2\sqrt{\dfrac{0.09}{90}} \\
&= 0.1\pm 2\sqrt{0.001} \\
&\approx 0.1\pm 2\times 0.03 \\
&\approx 0.1\pm 0.06
\end{aligned}$$

由此可知，当样本只有 90 户家庭时，收视率的误差将增加到 6%。当收视率为 10% 时，真正的收视率有 95% 的概率在 4%~16%。

如果误差这么大，那么调查收视率就失去了意义。

相反，当样本数量达到 9000 户家庭时，收视率的误差是多少呢？

$$0.1 \pm 2\sqrt{\frac{0.1 \times 0.9}{9000}} = 0.1 \pm 2\sqrt{\frac{0.09}{9000}}$$

$$= 0.1 \pm 2\sqrt{0.00001}$$

$$\approx 0.1 \pm 2 \times 0.003$$

$$\approx 0.1 \pm 0.006$$

可以看到，如果样本数量达到 9000 户家庭，那么只会出现 0.6% 的误差。

既然准确率这么高，那么为什么不把调查范围扩大到 9000 户家庭呢？

当然是因为考虑到成本问题。就算只是单纯计算，与调查

900户家庭相比，调查9000户家庭要花费10倍的成本。媒介研究公司认为没有必要花费如此高的成本来弥补仅有1.4%的误差。

对此，媒介研究公司的解释是："如果要将样本误差缩减到原来的一半，即 ±1%，就需要4倍的样本量，即3600户家庭。"他们或许想表达的意思是花费的成本和得到的结果不相称吧。

不过仔细想一想，只需要调查900户家庭，就能掌握1800万户家庭收看电视节目的数据，而且误差只有 ±2%。

只需要少量样本就能了解整体情况。这正是统计学的力量。

选举投票站出口调查为什么能锁定当选者

什么是投票站出口调查

在日本的众议院议员选举和参议院议员选举等需要进行全

国范围选举的日子里，到了晚上 8 点，各个电视台就会同时开始播放开票速报节目。

选举当天，设置在各地的投票站会从早上 7 点到晚上 8 点接受投票。到了晚上 8 点，投票站关闭，开始开票。也就是说，开票时间要在晚上 8 点之后。

但是晚上 8 点开播的电视开票速报却总是能在节目开始的同时宣布当选者。

另外，为什么尽管开票工作还没有结束，电视台却已经知道了候选者的得票情况呢？这里其实也用到了统计学。

或许有人在投票结束走出投票站时，曾经被人叫住并询问"是否能够协助进行投票站出口调查"。

各个报道机构之所以能够在投票站关闭的同时发布确认当选的名单，正是因为有记者在投票站出口进行调查。

投票站出口调查是通过询问投票者"你投给了哪一名候选人""你投给了哪个党派"，然后根据统计结果预测投票结果的调查方法。

但是，如果只知道"有▲▲人投给了〇〇"，是无法做出任何预测的，需要知道的是"投票的人中有多少比例的人投给了其中某一名候选人"，也就是概率。

这时就需要用到统计学。

有两名候选人的选区

在某个选区，会有两名候选人竞争一个固定名额，是一对一的竞争。

假设两名候选人分别是 A 候选人和 B 候选人。当只有两名候选人时，选区的投票结果符合二项分布。"A 当选，或者 A 没有当选（即 B 当选）。"

另外，为了保证投票站出口调查的结果尽可能接近实际投票结果，需要进行样本量充足的调查。投票站出口调查员要努力收集大量数据。

所以投票站出口调查的结果符合无限接近正态分布的二项分布。

我再重复一遍，在这种情况下，当数据量为 n，成功概率为 p 时，二项分布的均值与方差为

$$均值 = np$$
$$方差 = np(1-p)$$

读者恐怕已经听了很多遍了，所以能够充分理解此时的二项分布与拥有同样均值和方差的正态分布相似。

不过现在要求的是概率，即"投票人数有百分之多少"，因此方法和计算收视率时相同，即

$$均值 = p$$
$$方差 = \frac{p(1-p)}{n}$$

那么，假设某个选区的投票站出口调查员在投票结束后，对 1000 个人进行了出口调查，结果给 A 投票的人占 50%。

将 A 的得票率设为 p，B 的投票率设为 $1-p$，那么在没有无效票的情况下，即

$$p=0.5$$
$$1-p=0.5$$

这时，可以预测准确率约为 95% 的得票率范围是多少。

让我们试着算一算吧。

得票率的范围是

$$0.5 \pm 2\sqrt{\frac{0.5 \times 0.5}{1000}} = 0.5 \pm 2\sqrt{\frac{0.25}{1000}}$$
$$\approx 0.5 \pm 2 \times 0.015$$
$$\approx 0.5 \pm 0.03$$

如果面对 1000 个人的投票站出口调查结果为 50%，那么误差只有 ±3%，A 的实际得票率有约 95% 的可能性在 47%~53%（如图 6-5 所示）。

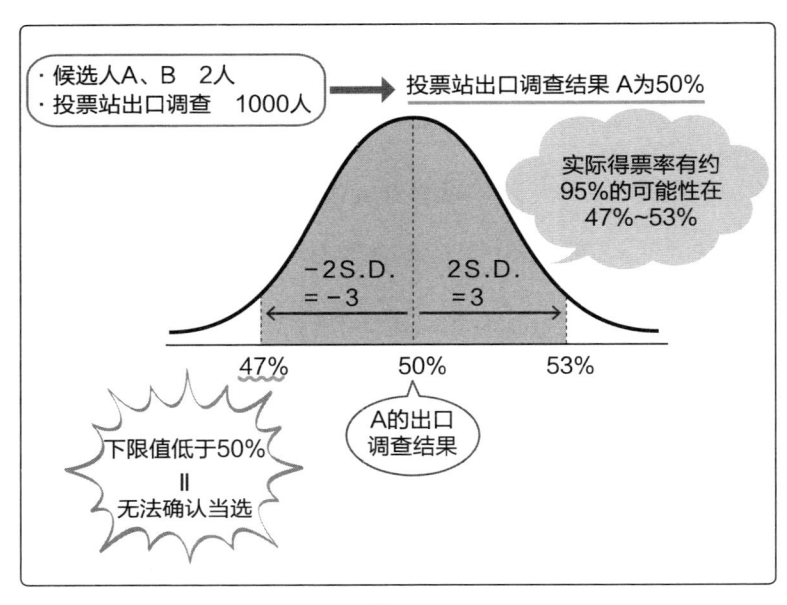

图 6-5

从投票站出口调查中能看到什么

应该如何看待这项结果呢?

如果 A 的实际得票率接近 53% 则万事大吉,但是如果接近 47% 就会落选。

总而言之,当 A 的得票率范围下限低于 50% 的可能性约为 95% 时,就不能确定当选。

既然不知道 A 是输是赢，那么 B 同样如此。

根据这个结果无法预测哪一方会获胜。

反过来说，如果根据投票站出口调查的得票率计算准确性为 95% 的投票率范围时，只要下限在 50% 以上，就可以认为该名候选人确定当选。

计算投票站出口调查的误差与计算实际收视率的范围时一样，用到了正态分布的特征，在 $p \pm 2\sqrt{\frac{p(1-p)}{n}}$ 的范围内包含约 95% 的数据。

我希望大家注意这个式子中 $p(1-p)$ 的部分。p 表示 A 的得票率，$1-p$ 表示 B 的得票率。

另外，由于 p 表示概率，所以不能大于 1。因为投票站出口调查符合二项分布，所以 A 的得票率和 B 的得票率之和必定为 1。

请大家根据以上条件进行思考：

- 当 $p(1-p)$ 的值最大时，p 的值是多少？

- 当 $p(1-p)$ 的值最大时，标准差同样为最大值。

在投票站出口调查中，求标准差的公式中分母 n 始终等于 1000。因此，$p(1-p)$ 越大，则标准差越大。

也就是说，在95%的准确率下得出的实际得票率范围的误差最大。

那么，能够实现这种情况的 p 的值是多少呢？

大家需要考虑的是在满足条件的基础上，p 和 $1-p$ 能够取的最大数值是多少。答案是 $p=0.5$。

如果你不明白，就不要仅仅停留在思考，而是拿出纸笔写一写。因为精细的计算很麻烦，所以让我们以10%为间隔计算，结果如表6–1所示。

表 6-1

p	$1-p$	$p(1-p)$
0.1	0.9	0.09
0.2	0.8	0.16
0.3	0.7	0.21
0.4	0.6	0.24

续前表

p	1–p	p（1–p）
0.5	0.5	0.25
0.6	0.4	0.24
0.7	0.3	0.21
0.8	0.2	0.16
0.9	0.1	0.09

由表 6–1 可知，$p(1-p)$ 的最大值是 0.25，这时 p 的值为 0.5。刚才已经计算过 A 的投票站出口调查得票率为 50% 的情况时，误差约为 ±3%。

根据以上结果，能得出什么结论呢？

总而言之，在 A 和 B 争夺一个议席的选举中，如果投票站出口调查结果为某一方的得票率超过 54%，就可以预测这名候选人确定当选。

为什么这么说？

因为误差最大只有 ±3%。

当得票率过半数，即超过 51% 时，候选人就能确定当选。

也就是说，根据投票站出口调查的结果确定了实际得票率的范围，并且准确率约为 95% 时，只要下限值超过 0.51，就能确定该候选人当选。

由于误差最大只有 ±3%，因此只要用投票站出口调查的得票率减去 3% 后超过 0.51 即可。

按照这个思路可知，在选举中，投票站出口调查的得票率超过 54%，是确定一名候选人能否胜出的分界线。

根据同样的思路，也能得出失败的分界线。

因为当对方获得超过半数的得票率时就能够宣告自己失败，所以当自己的得票率低于 49% 时，就失去了确定当选的希望。

我再重复一遍，选举战的投票出口调查误差最大是 ±3%。也就是说，当投票站出口调查的得票率低于 46% 时，候选者就确定失败（如图 6-6 所示）。

不过，这终究只是准确率为 95% 的情况。

```
┌─────────────────────────────────────────────────────────┐
│ 前提  · 候选人 2人    · 对1000人进行投票站出口调查      │
│       · 求出准确率约为95%的实际得票率范围                │
└─────────────────────────────────────────────────────────┘
```

在投票站出口调查中确定当选的条件

范围下限超过51% → 投票站出口调查的得票率超过54% → 确定当选

误差-3%

在投票站出口调查中确定失败的条件

失败 ← 投票站出口调查的得票率低于46% ← 范围上限低于49%

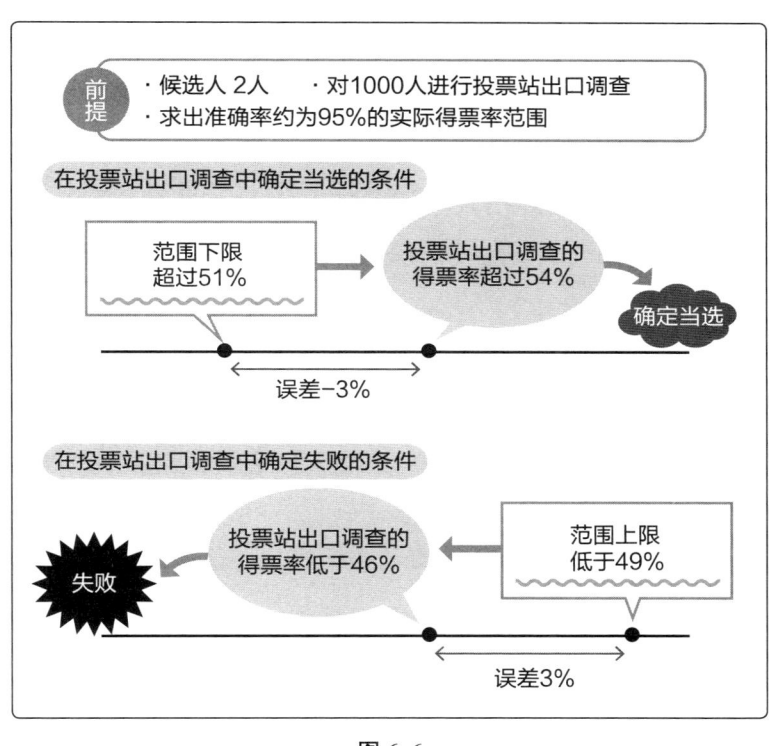

误差3%

图 6-6

如果想得到准确率为 99% 的实际得票率范围，就要接受最大误差达到 ±4.5%。

计算方法很简单，在计算得票率范围的等式中，将原本代入两倍标准差的地方改为三倍即可。

如果对 1000 人进行投票站出口调查后计算出的得票率结果是 A 为 55%，B 为 45%，那么在晚上 8 点开票速报开始时，就能确定 A 会当选。

因为最大误差只有 ±4.5%。

就算 A 的得票率出现了最大误差，下限依然是 50.5%。另一方面，就算 B 的得票率出现了最大误差，上限依然只有 49.5%。

可以预测，无论多么离奇的逆转情况出现，B 的得票率都无法超过 A。

前提仍是"随机"

我已经为大家介绍了投票站出口调查与统计学的关系，不过我还是遗漏了重要的前提条件。

既然是统计学，那么投票站出口调查时选择的对象当然必须是随机的。

只有满足随机条件，上文介绍的内容才成立。

实际上，我们并不能确定投票站出口调查是否完全随机。

第一，年轻人和女性在面对投票站出口调查时倾向于选择拒绝。愿意积极说出自己的选择结果的，大多是上了年纪的人，结果投票站出口调查的样本往往全都是年龄较大的男性。

第二，最近越来越多的人会在投票日之前进行投票。投票当天有工作或休假计划、不方便投票的人，会选择在投票日之前投票。除了投票日当天之外，一般不会进行投票站出口调查。

无论如何，对于选举的结局，往往无法做出事先预测，比如在前期拥有众多选民支持，得票数遥遥领先的人，却在投票日前被曝出丑闻，导致其支持率直线下降……这种情况也有可能发生。

在投票日当天进行的投票站出口调查中，应该很少有人会为出现陷入丑闻的候选人前来投票。

但是，在这名候选者人气高涨期间，或许有很多人在投票日前已经投过票了。

可是，由于一般情况下不会有投票日之前进行的投票站出口调查数据，所以无法确认其实际情况。这时，投票站出口调查得出的得票率可能与实际得票率不符。

考虑到成本，通常不会在投票日前在投票站对选民进行大规模调查，但是由于如今在投票日前进行事先投票的人越来越多，今后或许会采取某些应对措施。

2015年5月17日，在大阪府进行的居民投票就颠覆了投票站出口调查结果，这让我记忆犹新。

当时投票的内容是关于是否赞成"大阪都构想"，即废除"大阪市"，将大阪市分割成几个特别区。

投票当天进行的投票站出口调查结果显示赞成派占51.7%，反对派占48.3%，赞成派领先超过3个百分点，可是结果提案并没能通过。

而且，在投票日前进行的舆论调查中，反对派稍稍占据上风。但是，在选举接近尾声时，推进大阪府构想的赞成派却迎头赶上。

这就是投票站出口调查的结果。

可是开票结果显示反对派超过赞成派，"大阪都构想"被居民否决。

正如前文所说，当时赞成派之所以在投票站出口调查的结果中领先却未能获胜，是因为没有对投票日前的投票情况进行调查。

尽管赞成派在接近尾声时迎头赶上，但是反对派在上半场的竞争中势头强劲。在投票日之前进行事先投票的选民中，恐怕投反对票的人不在少数。

另外，居民投票的形式同样会对结果产生影响。因为调查时不会像选举调查那样询问"你选了谁""你选了哪个党派"，而是会问"你投了赞成还是反对"。

人们的心理导致他们在投赞成票时能够轻松说出口，而站在反对立场时却会忌惮表达出来。

恐怕在投票站出口调查中，也有反对派拒绝接受调查，或者假装自己是赞成派。

相反，由于赞成派的人容易说出口，因此或许会主动接受调查。也就是说，调查时有可能会出现有偏误的样本，采访到更多赞成派的人。

由此可见，投票站出口调查很难保证随时随地做到完美的随机。

除非样本不是1000个而是10 000个，那么误差一定会缩小。

投票站出口调查的结果是否正确，只需要等到开票三四个小时之后就会见分晓。

在开票速报环节开始后，画面中不断出现"确定当选"的字幕时，观众会感到惊讶、兴致勃勃地观看，而令候选人坐立不安的时间只能维持三四个小时而已。

在 2018 年 9 月 30 日进行的某县知事选举中，获得在野党支持、反对将美军机场搬迁到边野古的候选人玉城丹尼，与执政党推荐的候选人佐喜真淳竞争就非常激烈。

尽管在投票临近尾声之际，有报道称佐喜真淳的数据在迅速攀升，但开票结果却是玉城丹尼获得了压倒性胜利。

115 万选民中，投票率达到了 63%，其中有 35% 的选民受到台风影响，在投票日之前完成了事先投票。

有时电视台会根据投票站出口调查的结果，判断某位候选人是否能当选，并且会播出判断的结果，但开票后却发现事实并非如此。

统计学终究只是预测，出错是难以避免的。

投票站出口调查所收集的数据的寿命非常短，而且极有可能出错，在投票站出口调查中投入巨额费用并不划算。

所以，各家参与报道的媒体不会试图收集 10 000 个样本。

直截了当地说,他们不需要勉强自己收集如此庞大数量的样本。

只要耐心等待,就会有人在进行开票这项全面调查后公布准确无误的结果。

另一方面,投票开始后的选战依然进行得如火如荼,大家都在关注候选人是否能确定当选,因此投票站出口调查的结果能够发挥的作用很有限。

了解统计学并不是结束

以上就是收视率以及投票站出口调查的原理。

通过学习统计学,就可以弄清楚一件神奇的事情。或许有人早就知道,收视率和投票站出口调查是通过统计学进行计算的。

不过我想大家现在已经深切地感受到了,知道这件事并不等同于"了解统计学"。

了解统计学是快乐的，可是如果只停留在了解的程度就未免太可惜了。大家今后应该做的，是运用统计学的知识和思维去看待世界。

舆论调查、内阁支持率、汽车保险、樱花开花预报、平均寿命、棒球选手的打击率、经济动向指数……世界上有很多可以运用统计学进行研究的事情。

我希望你与统计学的关系不要就此结束，而是今后能够继续活学活用。

结　语

▍统计学只是开端

我喜欢数学，解答数学题时我感受到的喜悦非同寻常。社会结构、资金流动、群体行为都能用数字表现，也能够用公式表现。

数学是有趣的、美丽的。

然而，世界上有很多人讨厌数学，见到公式就会厌烦，一见到排列在一起的数字就会表示"无法理解"。

于是我绞尽脑汁思考该如何传达、要传达什么内容，然后写了这本书，目的是为了让那些讨厌数学的人在想要了解统计学时，明白统计学为何物。

为了让大家不要因为数字而失去学习动力，不要因为无法理解公式而放弃理解统计学，我不厌其烦地进行了解释。

我尽可能避开那些会让读者走神的数学符号和数学公式，将使用数学符号和公式的次数控制在最低限度。

我想读到这里的读者现在已经握住了门把手，准备进入统计学的房间。

而这只是开端而已。

门后是一个美丽的世界，能够预测未知的世界，能够设想尚未出现的未来。

可是，要想理解那份美，就不能避开数学。

如果你已经做好了与数学正面碰撞的心理准备，只要继续前进就好。尽管大多数人会遇到挫折，不过即使失败也会有所收获。

如果你没有做好心理准备，可以就此止步。能学到这里也够用了。

我不喜欢因为"无法理解"而放弃。但只有数学例外，因为无法理解的人就是无法理解。

数学在一定程度上是讲究天赋的领域。接受"无法理解"的现实同样很重要。

试图背诵是因为不理解

不过，大家要充分理解本书的内容。

我已经用简单易懂的写法让不擅长数学的人也能够理解书中的内容，所以入门没有问题。

但是我希望大家不要误会。我想说的并不是"要背诵均值公式"或"要背诵方差公式"。

没有必要背诵，我希望大家能够做到理解。

直方图、均值、方差、标准差、正态分布、二项分布、中心极限定理……

本书出现了很多统计学名词，如果记不住，忘记也没关系。

统计学，甚至数学公式和专有名词，本来就与日常生活完全无关，就算忘记也是正常的。

哪怕知道总有一天会忘记也试图背诵的人，其实是因为没有理解公式的内容，所以不得不死记硬背而已。

他们甚至没有发现这种做法的笨拙之处，和思考者的效率完全无法相提并论。

思考能力与记忆力不同。记忆会随着时间的流逝而逐渐淡化、消失，但思考终生都不会停止。尤其是数学的思维方式，是普遍且具有实用性的。

想要分析收集到的数据时，就算用不到"方差"这类专有名词，就算忘记了求方差的公式，只要理解"如果有很多数据偏差均值，就说明数据分布不均"即可。

理解了这一点，就能明白"数据与均值的差距"是分析数据分布时的必要因素。

保持思考。如果写下来能够让你理解，那么请写下来。

本书之所以反复强调"可以试着写下来"，是因为只要写下来，大家就能明白、理解。

但请不要误会，写下来的内容并不是为了让大家死记硬背。

用自己的头脑思考统计学

统计学是一门悄无声息地广泛应用于我们日常生活中的学科。

不，或许只是我注意到了，而大家并没有注意到。具备统计学知识的人能明白，不具备的人就注意不到。

读到最后的各位读者，一定已经对统计学有了更深入的理解。

本书挑战了罕有人涉足过的领域，挑战了统计学最初级的内容。

本书非常适合看过统计学入门书籍后依然无法理解的人阅读。

另外，我尝试使用了最好的方法，让大家能够将统计学的基础知识融会贯通。

我希望大家不要止步于本书所介绍的统计学知识，而是去尝试亲自收集数据，总结频数分布表，画出直方图，求得均值与方差，画出正态分布的曲线。

Excel 里也加载了不少统计分析工具。尽管有时会出错，不过大家不需要太在意。毕竟这些工具的强项在于能轻松完成计算。

收集数据很简单。只要掷掷骰子、扔扔硬币就好，收集到的数据符合二项分布的特征。

我希望大家一定要自己收集数据，尝试进行统计学研究。

网上有很多可以下载 Excel 表格形式的现成数据的地方。比如各国统计局和国际机构网站里的宝贵数据等。我会在进行各种分析时使用这些数据。

在大学课堂上，我也会从这些网站下载数据，并制作图表给学生出题。这些数据如果不能被充分利用就太可惜了。

只是读过本书，和用自己的头脑和身体亲自尝试相比，所发现与理解的内容和感悟将有云泥之别。

我希望大家学会如何利用统计学。

如果大家不仅仅停留在理解阶段，而是能够将统计学知识融会贯通，在生活中充分利用，我将感到非常开心。

结语

ZUKAI TOKEIGAKU CHO NYUMON by Yoichi Takahashi

Copyright © Yoichi Takahashi, 2018

All rights reserved.

Original Japanese edition published by ASA Publishing Co., Ltd.

Simplified Chinese translation copyright © 2024 by China Renmin University Press Co., Ltd.

This Simplified Chinese edition published by arrangement with ASA Publishing Co., Ltd., Tokyo, through HonnoKizuna, Inc., Tokyo, and BARDON CHINESE CREATIVE AGENCY LIMITED

本书中文简体字版由 ASA Publishing Co., Ltd. 通过博达授权中国人民大学出版社在全球范围内独家出版发行。未经出版者书面许可，不得以任何方式抄袭、复制或节录本书中的任何部分。

版权所有，侵权必究。